Erica Fischer
Spät lieben gelernt

ERICA FISCHER

SPÄT LIEBEN GELERNT

MEIN LEBEN

BERLIN VERLAG

Mehr über unsere Autorinnen, Autoren und Bücher:
www.berlinverlag.de

Von Erica Fischer sind im Berlin Verlag erschienen:
Feminismus Revisited, 2019
Alt. Na und?, 2021

ISBN 978-3-8270-1472-6
© Berlin Verlag in der Piper Verlag GmbH, Berlin/München 2022
Fotos auf S. 161, 162, 165: STICHWORT. Archiv der Frauen- und
Lesbenbewegung (Wien). Fotografiert von Erica Fischer.
Alle anderen Fotos stammen aus dem Privatbesitz der Autorin.
Satz: psb, Berlin
Gesetzt aus der Adobe Garamond
Litho: Lorenz & Zeller, Inning am Ammersee
Druck und Bindung: GGP Media GmbH, Pößneck
Printed in Germany

Inhalt

Vorwort

Mir war langweilig. Es war Lockdown, und ich hatte gerade eine umfangreiche Übersetzung beendet. Ein seit Längerem fertiggestelltes Buch wartete noch auf seine Veröffentlichung, sodass ich auch hier nicht tätig werden konnte. Wenn ich nicht arbeite, geht es mir aber nicht gut. Eines Tages kam mir ein Aspekt meines Lebens in den Sinn, der mir später als Erwachsene nicht mehr so wichtig erschien. Und ich fing an zu schreiben. Zufällig begann diese Erinnerung – Asthma – mit dem Buchstaben A. Ich tauchte ein in die ersten Jahre meiner Kindheit, die wesentlich bestimmt waren von dieser beklemmenden Krankheit.

Dann kam mir die Idee, das Alphabet als Stütze heranzuziehen, um mein Leben noch einmal Revue passieren zu lassen. Schließlich nähere ich mich meinem achtzigsten Geburtstag, ein geeignetes Datum, um Rückschau zu halten. Ich kam jedoch nur bis zum Buchstaben B wie »Bruder«, ein schmerzhafter Teil meines Lebens, über den ich auch schon an anderer Stelle geschrieben habe. Danach befreiten sich meine Erinnerungsfetzen vom Alphabet – zu Y wäre mir auch beim besten Willen nichts Aussagekräftiges eingefallen.

Mit einem Mal war mir nicht mehr langweilig. Zu jeder Tages- und Nachtzeit fielen mir Aspekte meines Lebens ein, die sich, erst einmal festgehalten, möglicherweise zu einem organischen Ganzen zusammenfügen ließen. Und langsam kam eine Person zum Vorschein, die in ihrer Widersprüchlichkeit auch mir selbst bis heute nicht wirklich begreifbar ist.

Mir wurde bewusst, dass mein Leben – knapp vor Ende des Zweiten Weltkriegs begonnen – geeignet ist, in der Kapsel meiner unbedeutenden Person die großen Themen des 20. Jahrhunderts zu illustrieren. Geboren im Exil der Eltern, die vor den Nazis aus Österreich nach England flüchten mussten, war der Ekel vor der rassistischen Entwertung von Menschengruppen von Anfang an in meine DNA eingeschrieben. Und auch der Ekel vor jeder anderen Form von Diskriminierung, insbesondere jener, die sich gegen mein eigenes Geschlecht richtet. Der tief greifende Einfluss der Frauenbewegung auf meine persönliche Entwicklung ab Ende der 1960er-Jahre steht stellvertretend für Millionen Frauen meiner Generation.

Sie und ich befanden uns an einem historischen Wendepunkt, der die politischen, kulturellen und ökonomischen Beziehungen zwischen Frauen und Männern umkrempelte. Doch die persönliche und gesellschaftliche Prägung meiner Mädchenjahre ließ sich nicht mit einem einzigen Befreiungsschlag abschütteln, und so bin ich mein Leben lang gespalten geblieben zwischen dem Vorher und dem Nachher dieser geschlechterpolitischen Zeitenwende. Das hat sich besonders in meinen Beziehungen zu Männern, aber auch in meinem Berufsverlauf bemerkbar gemacht.

In den Nullerjahren angekommen, steht meine Beschäftigung mit dem Älterwerden und dem Alter im Vordergrund, dem kein Mensch entgeht, der nicht jung stirbt. Bei Frauen, denen Jugendlichkeit und Schönheit abverlangt wird, ist dieser Lebensabschnitt mit besonderen Problemen verbunden. Ich habe jedoch den Eindruck, dass die Frauen meiner Generation mit den Wechseljahren und dem »Verblühen« ihres Körpers selbstbewusster umgehen, als es Frauen früherer Generationen möglich war. Wir leben ja in der Regel auch länger als sie und auch länger als die meisten Männer, deren Lebensweise sich nicht selten als selbstzerstörerisch erweist.

Von meiner Geburt an durchzieht die Gewalt mein Leben – Gewalt, die Menschen anderen Menschen antun. Schon als Kind musste ich erfahren, was mit meinen polnisch-jüdischen Großeltern geschehen war. In den 1950er- und frühen 1960er-Jahren beschäftigte ich mich mit den Repressionen der Kolonialmächte gegen die Unabhängigkeitsbewegungen in Afrika. In den 1960er-Jahren demonstrierte ich gegen die Kriege in Vietnam und Kambodscha. In den 1970ern nahm ich aktiv in erster Linie den Krieg der Männer gegen die Frauen wahr, wenngleich es nie eine Periode gegeben hat, in der nicht irgendwo auf der Welt Krieg und blutige Repression herrschten.

Ende der 1980er-Jahre braute sich nach dem Tod Titos der Krieg im ehemaligen Jugoslawien zusammen. Er berührte mich in besonderer Weise, weil Jugoslawien ein Land war, das ich von mehreren Reisen gut kannte. Über *medica mondiale*, eine deutsch-bosnische NGO, die sich vergewaltigter und kriegstraumatisierter Frauen annimmt, schrieb ich ein Buch.

Die Hoffnung auf Demokratie und Freiheit im Jahr 1989, zuerst nach den Ereignissen am Tian'anmen-Platz in Peking, dann in Berlin, währte nicht lange. Seitdem wurden weltweit Kriege entfacht – im Irak, in Syrien, im Jemen, in Tschetschenien und in Georgien, um nur die bekannteren Schauplätze zu nennen. Und jetzt müssen wir dem Krieg in der Ukraine zusehen, live. Auch dieses Land durfte ich noch in friedlichen Zeiten bereisen.

Es sieht nicht gut aus für alle, die ich auf dieser Welt zurücklassen werde.

Berlin, im Juni 2022

Ersticken

Ich liege im Bett. Draußen scheint die Sonne und dringt durch das geöffnete Fenster. Auf der Straße spielen die Kinder, ich höre sie lachen. Ich schreie und strample die Decke weg. Aber ich muss liegen bleiben, denn ich bin krank – nicht im eigentlichen Sinn, ich habe *nur* Asthma. Unser Hausarzt Dr. Sommers ist ein österreichischer Emigrant, dem meine Eltern vertrauen, weil er wie sie vor den Nazis nach England geflohen ist. Er hat mir Bettruhe verordnet. Aber Asthma ist unheilbar, egal, wie lange ich das Bett hüte, es wird nicht vergehen. »Es ist unheilbar!«, wiederholte meine Mutter achtzig Jahre später ein ums andere Mal, als das Asthma auch ihr die Luft zum Atmen nahm, sie aber keinen Facharzt aufsuchen wollte. Am Ende half nur Cortison, das sie unansehnlich aufquellen ließ.

Aber vorerst glaubte sie noch Dr. Sommers. Und der war es wohl auch, der meinen besorgten Eltern empfahl, mich zur Erholung ans Meer zu schicken. Also wurde ich nach Devon im Westen Englands verfrachtet, an einen Sommerfrischeort in der Nähe von Bidefort mit dem eigenartigen Namen Westward Ho!, heute etwa fünf Eisenbahnstunden von London entfernt. Bekannt ist der Ort für seinen ungewöhnlichen Namen, der von dem 1885 veröffentlichten Roman *Westward Ho!* von Charles Kingsley herrührt. Das Buch, dessen Handlung in Bidefort spielt, wurde ein Bestseller und trug dazu bei, den Tourismus in der Gegend

Mit meiner Mutter, September 1943

anzukurbeln. Deshalb nannte man ein Familienhotel
»Westward Ho!-tel«, und bald schon hieß das ganze Dorf
Westward Ho!. Auf das Ausrufezeichen wurde großer Wert
gelegt.

Die kräftigende Brise des Atlantischen Ozeans sollte
mein Asthma lindern, so war es gedacht. An die drei
Monate muss ich in Westward Ho! gewesen sein. In das
Kinderheim, in dem ich untergebracht war, durften keine
Eltern zu Besuch kommen. Meine Mutter weinte, weil ihr
das geschwätzige Töchterchen fehlte. Auch meiner Therapeutin traten viele Jahre später Tränen in die Augen, als ich
ihr davon erzählte, denn sie wusste, dass das Erinnerungs-
vermögen eines Menschen erst ab etwa dem vierten Lebensjahr einsetzt. Ich muss drei gewesen sein, als ich mich in

Westward Ho! erholen sollte, und bei meiner Rückkehr waren mir Mutter und Vater fremd geworden. Mein Kinderzimmer hätte ich nicht mehr erkannt, haben mir meine Eltern später erzählt. In meiner Abwesenheit hatte mir der Vater eine Puppenküche gebaut. Vielleicht sollte das helfen, mich wieder heimisch zu fühlen.

Das Asthma aber konnte Westward Ho! nicht heilen, und die sporadisch auftretenden Anfälle von Atemnot begleiteten meine gesamte Kindheit. Ich hatte einen Inhalator, ein bauchiges Glasfläschchen mit Mundstück, das ein bisschen wie eine Ente aussah. Daran war ein roter Gummischlauch mit einer Pumpe befestigt. In das Glasfläschchen kam eine bräunliche Flüssigkeit, die beim Pressen der Pumpe als Nebel in den Rachen drang. Ein tiefer Atemzug, und schon ging es mir besser. Meine Eltern bewahrten das Gerät in einem zylindrischen Metallbehälter auf. Die hellbraune Flüssigkeit, die »Asthminal« hieß, wurde in einer verschweißten Glasampulle geliefert, deren schmal zulaufende Spitze mit einer winzigen Säge gekappt werden musste. Durch Kontakt mit der Luft färbte sich das Medikament mit der Zeit dunkelbraun und malte einen verkrusteten Rand an die Glaswand. Dann war es Zeit, eine neue Ampulle anzubrechen. Heute sind die angebotenen Sprays kleiner, handlicher und luftdicht verschweißt. Auf Reisen hatte ich, als ich schon längst kein Asthma mehr hatte, immer noch eine kleine Flasche dabei, für alle Fälle. Sie war lebensrettend.

Wenn ich heute darüber schreibe, spüre ich noch immer eine beklemmende Verengung der Atemwege. Die Angst vor dem Ersticken ist mir geblieben. Als wir schon in Wien lebten, kam manchmal ein an Asthma leidender Mann zu Besuch, der wie meine Eltern aus der englischen Emigra-

Die Kathedrale von St Albans

tion zurückgekehrt war. Wir wohnten in einem Neubau im ersten Stock. Schon diese paar Stufen waren ihm zu viel. Wenn wir die Wohnungstür öffneten, hörten wir, wie Doktor Spitzegger am ersten Treppenabsatz schwer atmend stehen blieb, um sich mithilfe des Inhalators Luft zu verschaffen. Hörte ich dieses Geräusch, bekam ich sofort Atemnot.

Die englischen Ärzte ließen meine Eltern hoffen, mein Kinderasthma würde in der Pubertät von allein vergehen. So war es dann glücklicherweise auch. Stattdessen entwickelten sich schon früh eine Pollen- und eine Katzenhaarallergie. Selbst die Jacke meiner Mutter aus Wildkatzenfell ließ mich als Teenager nach Atem ringen.

In unserer Nachbarschaft in meinem englischen Geburtsstädtchen St Albans wohnten zwei ledige Schwestern mit ihren zahlreichen Katzen. Mich diesem Haus auch nur zu nähern war mir strengstens verboten. Obwohl ich mich als Kind gern in unserer Wohngegend herumtrieb und unsere Nachbarinnen mit meinen munteren Fragen von

St Albans, Juli 1945

der Hausarbeit abhielt, nahm ich dieses Verbot ernst. Doch in meinen Tagträumen kamen sie häufig vor, die beiden »Hexen«. Im verbotenen Haus waberten Geheimnisse, ich stellte mir eine von Katzen mit glühenden Augen belagerte Gespensterhöhle vor, die mich gleichermaßen anzog wie abschreckte.

Als lebensbedrohliche Situation ist mir eine Nacht in Erinnerung, in der ich nach Luft rang, das Asthminal für meinen Inhalator aber zu Ende gegangen war. Zudem hatte ich hohes Fieber. Ob das Drama sich noch in England oder schon in Wien abspielte, weiß ich nicht mehr. Jedenfalls schien ich bereits zu wissen, was sterben bedeutet. Ich flehte meine Eltern an, mich nicht sterben zu lassen. Im Haus herrschte Alarmstimmung. Zu guter Letzt machte mein Vater eine Apotheke ausfindig, die nachts geöffnet hatte, fuhr mit dem Taxi hin und kehrte mit dem Medikament zurück. Augenblicklich öffnete mir der Zerstäuber die Bronchien, und die Gefahr war gebannt. Ich konnte wieder atmen. Und leben.

Einer der Gründe, warum sich meine Eltern nach zehn Jahren in der englischen Emigration 1948 entschieden, nach Wien zurückzukehren, war das englische Wetter, der Nebel. Das trockenere Klima in Österreich sei besser für mich, empfahl Dr. Sommers. Ich besuchte in England sogar schon die Schule und erinnere mich an hohe Fenster, durch die helles Licht in unser Klassenzimmer drang. Ich habe sie auf einer Zeichnung festgehalten. Da ich oft krank war und meine Eltern sich endgültig entschlossen hatten, nach Wien zurückzukehren, schickten sie mich in den Monaten vor unserer Abreise nicht mehr zur Schule.

Rückblickend wäre ich lieber in England geblieben, und auch meine jüdische Mutter hätte ihr Fluchtland auf jeden Fall dem naziverseuchten Österreich vorgezogen, aber mein Vater wollte unbedingt zurück. In Österreich wurde er geboren, und dort waren sein Vater und seine beiden Brüder. Er wollte auch zurück, um nach der Niederlage des Faschismus mitzuhelfen, ein besseres Land aufzubauen. Meine Mutter hat ihm diese Rücksichtslosigkeit ihren Ängsten gegenüber nie verziehen. Und auch wir Kinder nicht. Zeit unseres Lebens blieb uns eine sentimental verklärte Sehnsucht nach England. Freunde meiner Eltern schickten mir eine englische Schuluniform, einen dunkelblauen Trägerrock mit tiefen Falten, der über einer hellen Bluse getragen wurde. Während diese Schuluniform bei den englischen Mädchen gewiss verhasst war, trug ich meine voller Stolz.

Vielleicht ging es mir in Österreich gesundheitlich tatsächlich besser, nur die Sonntagsausflüge in den Wiener-

Vor unserem Haus in St Albans,
Ramsbury Road 51, 1948

wald machten mir zu schaffen. Hügeliges Gelände, das
beim Aufstieg meine Bronchien verengte, strengte mich
an, und in der Schule genoss ich das Recht, beim Turn-
unterricht auszusetzen, wenn mir eine Übung zu viel
wurde. Was ich bald erkannte, war, dass mir neben körperlicher Anstrengung auch psychische Belastung nicht guttat.
Schon als Kind lernte ich, mich im Bett zu entspannen, die
Hände über die Decke zu legen und mit ruhigen Zügen zu
atmen, also eine Art autogenes Training.

Als das Asthma bereits am Abklingen war, ist mir ein
Anfall in Erinnerung, der mich ereilte, als ich auf einer
Urlaubsreise nach Jugoslawien in einen heftigen Konflikt
mit meiner Mutter geriet. Meine Mutter war sehr nervös.
Ihr Leben war nicht nach ihren Vorstellungen verlaufen.

Manchmal presste sie ihre Hände gegeneinander und verkrampfte ihre Kiefer zu einer hässlichen Grimasse. Daran war ich gewöhnt. Es heißt, dass eine besitzergreifende Mutter dem Kind die »Luft zum Atmen nimmt«. Durchaus möglich. Ich habe nicht viel Liebe von ihr erfahren, aber besitzergreifend war sie allemal.

Die Luft zum Atmen nahm mir auch der Vulkan Stromboli. Stärker als den anderen Gruppenmitgliedern beim nächtlichen Aufstieg zum Feuer speienden Krater machten mir die aus dem schwarzen Gestein aufsteigenden gelblichen Schwefeldämpfe zu schaffen. Ich rang nach Luft. Erst als mir der Gruppenleiter eine Atemmaske gab, legte sich die Beklemmung. Es war wie eine Erinnerung an eine ferne Zeit.

Auf diese Weise habe ich eine Ahnung, wie sich Ersticken anfühlt. Es ist ein Tod, den in den letzten Jahren Tausende Migrantinnen und Migranten erlitten haben, die auf der Suche nach einem besseren Leben im Mittelmeer ertrunken sind. Und der von George Floyd am 25. Mai 2020 in Minneapolis, Minnesota, im Würgegriff eines Polizeibeamten. *I can't breathe.*

Kinder oder keine

Kürzlich wurde ich eingeladen, vor der Kamera der Deutschen Welle über meine Kinderlosigkeit zu sprechen. Die Redakteurin, die gewunden anfragte, schien sich mir wie auf Zehenspitzen zu nähern, als lade sie mich ein, über meine geheimen sexuellen Vorlieben Auskunft zu geben. Ich sagte sofort zu; es sei bei mir aber ganz unproblematisch gewesen, ließ ich sie beruhigend per E-Mail wissen, weil sie von mir eine Leidensgeschichte zu erwarten schien.

Tatsächlich ist es aber doch so, dass ich die immer mal wieder gestellte Frage nach Kindern und Enkelkindern irgendwie peinlich berührt verneine. So, als schämte ich mich dafür, meine eigentliche Aufgabe als Frau nicht erfüllt zu haben. In Mosambik, wo ich mich in den frühen 1980er-Jahren zweimal aufhielt, schienen manche Frauen an Unfruchtbarkeit zu leiden, in einem afrikanischen Land eine Katastrophe. Als ich auf die Frage der Frauen nach den Themenschwerpunkten der hiesigen Frauenbewegung den Kampf um das Recht auf Schwangerschaftsabbruch nannte, reagierten sie mit Unverständnis, denn ihr Problem war die Kinderlosigkeit. Meine eigene erklärten sie sich wohl mit etwaiger Unfruchtbarkeit und stellten diskret keine weiteren Fragen.

Ich war jedoch – leider – keineswegs unfruchtbar und hatte mich aus freien Stücken gegen Kinder entschieden. Und doch hatte ich die Erwartung an mich und an alle

Frauen, die Mutterschaft als unseren wichtigsten Lebens-
inhalt zu akzeptieren, so sehr verinnerlicht, dass ich mich
für meine anscheinend abartige Entscheidung irgendwie
schämte. Es ist ja nicht so, dass ich in meiner Generation
die Einzige war, die sich zu diesem Schritt entschlossen hat
oder durch die Lebensumstände dazu gezwungen wurde.
Die Gesellschaft war im Umbruch, meine Generation
nahm das Leben in der Kleinfamilie mit dem Mann als
Brotverdiener draußen in der Welt und der Frau als Hüte-
rin von Heim und Herd nicht mehr als gottgegeben hin.
Und schon gar nicht die Frauen.

Mehr als für die Männer, die letztlich ihre herkömm-
liche Rolle nicht wirklich infrage stellten, war für die
Frauen in den frühen 1970er-Jahren nichts mehr, wie es
einmal war. Aber schon die Mütter der Feministinnen hatten ein gebrochenes Leben hinter sich und mussten sich
als Kriegerwitwen und Ehefrauen kaputter Männer in den
Nachkriegsjahren in einer Weise durchkämpfen, wie es das
bürgerliche Familienskript eigentlich nicht vorsah. Vielleicht haben damals nicht wenige junge Frauen in meinem
Alter bezüglich ihrer künftigen Aufgabe eine zwiespältige
Botschaft erhalten.

Für mich selbst waren im Wesentlichen drei Faktoren
ausschlaggebend: Meine Mutter war alles andere als eine
glückliche Hausfrau und Mutter; und im Gegensatz zu vielen österreichischen und deutschen Frauen ihrer Generation
versuchte sie, uns Kindern und ihrem Mann auch keine
Zufriedenheit vorzuspielen. Mein Vater hingegen hatte
eher eine konventionelle Vorstellung von Familie und war
stolz darauf, sie ernähren zu können, ohne dass seine Frau
genötigt war, »dazuzuverdienen«. Meine Mutter behauptete, er habe es ihr sogar verboten. Das wiederum fällt mir

schwer zu glauben, weil sie eine sehr durchsetzungsstarke Person war und sich von meinem Vater nichts befehlen ließ. So scheint es mir wenigstens.

In einem Interview, das sie in den 1980er-Jahren einer Journalistin gab, bekannte meine Mutter, ihre Kinder als Zugeständnis an ihren Mann bekommen zu haben. »Unnötigerweise« habe sie zwei Kinder bekommen, sagte sie, »in einer Ehe muss man eben Kompromisse schließen«. Als ich das las, erschrak ich, wäre ich doch gern erwünscht gewesen, aber später wurde mir klar, dass nicht stimmte, was meine Mutter da von sich gab. Denn aus ihrer Korrespondenz mit meinem im Sommer 1940 als *enemy alien* von England nach Australien deportierten Vater entnehme ich, dass sie sich damals nach einem Kind sehnte und im Alter von dreißig Jahren unsicher war, ob sie dafür nicht schon zu alt war.

Und wie eine richtig glückliche Mutter sieht sie auf dem Foto aus, auf dem sie im Liegestuhl in unserem englischen Garten sitzend ihr dreijähriges Mädchen strahlend der Kamera entgegenhält. Ich weiß aber, dass sie später ihr Leben als Hausfrau und Mutter in Österreich hasste und sie mir eine eindeutige Botschaft mit auf den Weg gab: Erlerne einen Beruf, der dir ökonomische Unabhängigkeit sichert, und bekomme keine Kinder. Sie hat diesen Auftrag nicht näher erläutert, aber es war mir klar, dass die Mutterschaft für sie den Verlust von Freiheit bedeutete.

Mit zwei Kindern war sie angekettet. Angefeuert von der US-amerikanischen Frauenbewegung, verlangte sie eines Tages von meinem Vater einen »Lohn für Hausarbeit«. Ihr Mann war empört. Er hielt Hausarbeit und die Sorge um die Kinder für ihre Aufgabe, denn schließlich brachte er das Geld ins Haus. »Meine Frau will eine Apa-

Im Garten hinter dem Haus in St Albans, 1948

nage«, zog er bei unseren Nachbarn über sie her. Er war
der Meinung, alles in unserer bescheidenen Gemeindebau-
wohnung gehöre ihm – was er ihr bei einem Streit auch
einmal an den Kopf warf.

Also verdiente sich meine Mutter ein »Taschengeld«
mit Übersetzungen aus dem Polnischen und Englisch-
nachhilfe für Kinder aus der Umgebung. Ihre eigenen
und meine wunderschönen Kleider nähte sie mithilfe einer
Singer-Nähmaschine mit Handkurbel, auch Hosen, Män-
tel und Kostüme – ein Beitrag zum Familienbudget, den
mein Vater nie ausreichend geschätzt hat. Mein Lehrer in
der vierjährigen Volksschule verhöhnte mich als »Mode-
puppe«, weil ich im Gegensatz zu den anderen Mädchen
in unserer Arbeitersiedlung immer schick angezogen war,

Meine Mutter mit ihren beiden Kindern, 1950

mit Kleidern aus bestimmt nicht billigen Stoffen, die meine
Mutter in der Innenstadt kaufte.

Seit meiner Kindheit habe ich mich gern mit Mode
befasst, und die Anproben gehören zu meinen schönsten
Erinnerungen. Zwischen meiner Mutter und mir herrschte
bei diesen Gelegenheiten ein Einvernehmen, das sonst selten war. Als Künstlerin, die an der Wiener Kunstgewerbeschule auch Textildesign und das Anfertigen von Leder-
handschuhen und Gürteln gelernt hatte, machte ihr das
Nähen von Kleidungsstücken für mich und sich selbst
Spaß. Es war wesentlich kreativer, als zu putzen und täglich
für die Familie zu kochen. »Ich bin eine schlechte Hausfrau«, war einer ihrer Standardsätze, wenn sie uns das Mittagessen auftischte. So war also das Bild der Unzufriede-

nen, das meine Mutter überwiegend abgab, nicht geeignet, mir als Vorbild zu dienen. Für mich war klar: Auf keinen Fall wollte ich werden wie meine Mutter. Und doch hat sie mir auch etwas Widerständiges mitgegeben, das mich davor geschützt hat, allzu viele Kompromisse einzugehen, um gemocht zu werden.

Der zweite Grund für meine Kinderlosigkeit war die bereits erwähnte 68er-Bewegung mit ihrer grundlegenden Kritik an der bürgerlichen Kleinfamilie und bald darauf der Aufbruch der Frauen. Das erste Heft unserer Zeitschrift *AUF – Eine Frauenzeitschrift* im Oktober 1974 hatte die Familie zum Thema. Das Cover des aus heutiger Sicht rührend handwerklich hergestellten himmelblauen Hefts zierte eine Zeichnung der Avantgarde-Künstlerin Renate Bertlmann, eine Pyramide der Mühe und Macht: die Hausfrau und Mutter ganz unten, und auf ihren Schultern die ganze Last der Familie.

Als im Herbst 1972 in Wien das erste Treffen der »Aktion Unabhängiger Frauen« (AUF) stattfand, geriet ich – nunmehr dreißig Jahre alt – in einen aktionistischen Strudel, der jegliches Nachdenken über Schwangerschaft und Mutterschaft ausschloss, abgesehen davon, dass keiner meiner Freunde Lust gehabt hätte, mit mir eine Familie zu gründen. Irgendwie hatte ich sie mir schon entsprechend ausgesucht, um genau diesen Konflikt zu vermeiden. Außerdem hatte ich noch Zeit. Bis in die 1980er-Jahre war mein Leben bestimmt von Aktionismus, dem Aufsaugen stets wachsender Erkenntnisse über die Machtverhältnisse zwischen Frauen und Männern, innerfeministischen Konflikten und wechselnden Liebesbeziehungen, die nie gut ausgingen. Seit der Abtreibung nach meiner ersten sexuellen Beziehung mit Anfang zwanzig unter den keineswegs angenehmen Bedingungen der Illegalität hatte ich mich der Pille verschrieben, der medizintechnischen Voraussetzung für ein sorgenfreies Liebesleben. Zumindest im Hinblick auf ungewollte Schwangerschaften; denn Sorgen mit der Liebe hatte ich reichlich. Ja, ich hatte noch Zeit, aber die biologische Uhr tickte.

Eines Nachts wachte ich in einem Meer von Blut auf. Ich setzte mich in die Badewanne und schluchzte vor Entsetzen. Die Frauenärztin stellte ein Myom fest und riet zur Entfernung des Uterus, was in diesem frühen Stadium noch vaginal möglich war, also weniger invasiv als mit Bauchschnitt. Nun war es endgültig zu spät. Als ich im Krankenhausbett weinte, dachten die philippinischen Krankenschwestern, ich würde den Verlust meiner Gebärmutter betrauern, und trösteten mich. Doch ich weinte nur, weil es mein damaliger siebzehn Jahre jüngerer Lover – wahrscheinlich unter dem Schock dieser für den jungen Mann wohl unerklärlichen Frauenkrankheit – ausgerechnet einen Tag nach dem Eingriff für angebracht gehalten hatte, mir brieflich mitzuteilen, dass er nun doch seine gleichaltrige Freundin vorziehen würde.

Von der Traurigkeit über diesen Brief erholte ich mich rasch, genoss auf dem Balkon des Franz-Josef-Krankenhauses die Sonne, empfing wie eine Königin Besuch von unzähligen Freundinnen und arbeitete an einer Übersetzung. Als ich das Krankenhaus verließ, hatte ich einige Kilo abgenommen und war braun gebrannt. Die Ringe unter den Augen sah ich erst zu Hause im Spiegel.

Der Blick in den Spiegel war ein anderer als der während meiner Schwangerschaft Anfang der Sechzigerjahre. Damals war ich entsetzt über das Fremde, das von meinem Körper Besitz ergriffen hatte. Ich fühlte mich noch

UNO-Frauenkonferenz in Kopenhagen, 1975

als Kind, hatte erst mit einem einzigen Mann geschlafen, wohnte bei meinen Eltern und sollte jetzt mit einem Schlag Mutter werden! Und der unfreiwillige Samenspender war bereits zum Studium in die USA zurückgekehrt.

Im Spiegel forschte ich nach Spuren einer Veränderung hin zu Mütterlichkeit, doch sah ich bloß ein hilfloses Mädchen, das nicht wusste, wie sich dieser Last zu entledigen. Nach der Entfernung meiner Gebärmutter im Alter von fast vierzig Jahren fühlte ich mich nur unendlich erleichtert. Es war vorbei. Ich war die Bürde der Weiblichkeit los. Keine Monatsblutungen mehr, keine übel riechenden Tampons, keine Angst vor Schwangerschaft. Ich hatte einmal einen Freund, der sich in der Zeit unseres Zusammenseins sterilisieren ließ und diesen Eingriff als »Jagdschein« bezeichnete. Nun hatte auch ich einen Jagdschein. (Es war noch die Zeit vor AIDS.) Im Spiegel sah ich eine erwachsene Frau, die sich dem gesellschaftlichen Druck, Mutter zu werden, entzogen hatte. Nun konnte mir niemand mehr einen Vorwurf machen. Ich hatte mich für die Kinderlosigkeit entschieden.

Der dritte Faktor für diese nunmehr endgültige Entscheidung war mein mangelndes Bedürfnis nach einem Leben mit Kindern. Meine beiden besten Freundinnen, die wie ich lange gewartet hatten, entschieden sich Ende dreißig für ein Kind. Beide lebten in brüchig gewordenen Beziehungen und waren dennoch wild entschlossen, das Projekt Kind auch ohne väterliche Unterstützung durchzuziehen. Beide haben ihre Söhne schließlich allein aufgezogen und sind heute stolze Großmütter.

Besonders Susi hat gleich mehrere Enkelkinder, die sie heiß liebt. Ich stehe ihrem Familiensinn einigermaßen ratlos gegenüber. Seit vierzehn Jahren lebe ich mit einem Italiener zusammen und bin nun sogar mit ihm verheiratet. Er telefoniert regelmäßig mit seinen beiden Schwestern in Rom und Nashville, mit seinem Sohn in Barcelona und der Tochter in Bologna. Er hat drei Enkelkinder, für die er zu deren Geburtstagen bunte Zeichnungen anfertigt und die er regelmäßig besuchen fährt. Ich freue mich für ihn, finde die jüngste Enkeltochter auch bezaubernd, mische mich aber nicht ein in seine Familie. Ich habe kein Bedürfnis, die Rolle der Stiefoma zu übernehmen, und Massimo verlangt es auch nicht von mir. Als seine Tochter einmal mit ihren beiden Söhnen über ein Wochenende zu uns nach Berlin kam, war ich danach geschafft wie schon lange nicht mehr. Der Großvater jedoch auch.

Meine beiden »spätgebärenden« Freundinnen hatten beide feste Anstellungen, die durch ihre Schwangerschaft nicht infrage gestellt wurden. Ich hingegen arbeitete freiberuflich und verdiente gerade so viel, um mich selbst durchzubringen. Daraus konnte ich niemandem außer mir selbst einen Vorwurf machen. Ich war einfach ungeeignet für ein geregeltes Arbeitsleben.

Nach dem Studium versuchte ich es in zwei Jobs als Übersetzerin. Beim Patentanwalt wurde ich nach der einmonatigen Probezeit entlassen, weil ich mich weigerte, der Frau des Chefs Büstenhalter in den USA zu bestellen. Danach wollte ich es noch einmal wissen, obwohl ich schon beim Patentanwalt zutiefst deprimiert war. Die Mittagspause verbrachte ich im Selbstbedienungslokal WÖK (Wiener Öffentliche Küchen) an der Ecke zum Schottenplatz und weinte inmitten von anderen Lohnsklaven und -sklavinnen in meine Pampe auf dem Kunststofftablett. Mein Leben dehnte sich in meiner Vorstellung als schnurgerade Autobahn vor mir aus, die sich in der Ferne im trostlosen Nichts verlor.

Die neue Firma stellte Extruder her, keine Ahnung, was das war. Dort gab es eine Stechuhr. Bei denen, die nach acht Uhr eintrafen, also zu spät kamen, wurde die Uhrzeit rot ausgedruckt. Meine Karte war durchgehend rot, denn ich hatte einen langen Fahrtweg und sah nicht ein, warum ich meine Übersetzungen so früh am Morgen beginnen sollte, zumal ich abends oft länger im Büro blieb, wobei diese Arbeitszeitüberschreitung auf meiner Stechkarte jedoch nicht rot ausgedruckt wurde. Nach der Probezeit, diesmal drei Monate lang, bestand mit Hinweis auf mein rotes Meer kein weiterer Bedarf an meiner Mitarbeit. Zum Glück, denn wer weiß, ob ich den Mut gehabt hätte, selbst zu kündigen. Danach beschloss ich, mich nicht mehr einspannen zu lassen und ein Leben in Freiheit zu wagen.

Die Redakteurin der Deutschen Welle beendete unser Interview mit der üblichen Journalistenfrage: »Gibt es noch etwas, das ich Sie nicht gefragt habe?« Und da fiel mir doch tatsächlich noch etwas ein, woran ich vorher nicht gedacht hatte: Ja, es war auch mein Ekel vor dem »Frauenleib«, wie die Historikerin Barbara Duden ihn nennt. Ich wollte kein »Versorgungssystem für meinen Fötus«[1] werden. Die Vorstellung, dass in mir etwas heranwachsen sollte, das ich nicht bewusst herbeigeführt hatte und nun nicht mehr beeinflussen konnte, rief in mir Angst und Ekel hervor. Frauen, die Kinder geboren haben, sprechen von ihrem Staunen über das Wunder, das sich in ihrem Körper vollzog. Intellektuell kann ich das verstehen, emotional nicht.

Im Internet lese ich, dass ich vielleicht an einer Tokophobie litt (vom griechischen Wort für Schwangerschaft, *tokas*), einer krankhaften Angst vor Schwangerschaft und Geburt. Eine entsprechende Therapie könne Abhilfe schaffen. Das klingt wie die vor nicht allzu langer Zeit noch empfohlene Therapie gegen Homosexualität. Denn was krankhaft sein soll an der Angst vor einer Schwangerschaft, deren Ende schließlich mit Schmerzen verbunden ist und die sich auf mein ganzes weiteres Leben auswirken würde, will mir nicht einleuchten. Meine Abwehr gegen die körperlichen Veränderungen, hervorgerufen durch einen in der Tat eigentlich wunderbaren natürlichen Vorgang, ist mir allerdings auch nicht geheuer, weshalb ich vermute, dass mir dieser Aspekt erst am Ende des Interviews einfiel.

Früher trugen Frauen Umstandskleidung, um ihren dicker werdenden Bauch zu kaschieren; heute kann das T-Shirt nicht kurz und eng genug sein. Und schwangere Frauen veröffentlichen voller Stolz auf Instagram die Fotos ihrer geschwollenen Bäuche. Als Feministin finde ich diese positive Einstellung zum eigenen Körper gut, und dennoch befremdet es mich. Also vielleicht doch Tokophobie, die Ablehnung des weiblichen Körpers und seiner Funktionen, von der die gesamte patriarchale Kultur durchzogen ist? Das Anschwellen des Körpers, das passive Warten auf die Entbindung, das Angewiesensein auf die Hilfe anderer in der Klinik, die Schmerzen, das Blut, der Schleim, mit dem das Neugeborene überzogen ist, wenn es aus der Frau herausgezogen wird – das war mir alles zu natürlich.

Ich kenne Geburten nur aus der Literatur. In überwältigenden Passagen setzt Lew Tolstoj in *Anna Karenina* das Erleben seines Protagonisten Konstantin Ljewin bei der Niederkunft seiner Frau Kitty mit der Erfahrung des Sterbens seines Bruders Nikolai gleich: »nur war jenes dort Leid gewesen, und dies hier Freude. Aber sowohl jenes Leid wie auch diese Freude lagen in gleicher Weise außerhalb aller gewöhnlichen Lebensverhältnisse und waren in diesem gewöhnlichen Leben gleichsam Öffnungen, durch die man zu etwas Höherem hindurchblicken konnte.«[2]

Zweiundzwanzig Stunden dauerte die Geburt, und der werdende Vater, der nur passiv und verzweifelt mit seiner Frau mitleiden konnte, verlor jedes Zeitgefühl. Er dachte, es sei Vormittag, dabei war es schon Abend. Er stand im Nebenzimmer »und hörte jemand in einer Weise kreischen, wie es seinen Ohren ganz fremd war, und er wusste, was da so schrie, das war ehemals seine Kitty gewesen«. Gegen Ende verstummte das furchtbare Schreien keinen Augenblick, wurde nur immer schrecklicher. »Dann, als hätte es die äußerste Grenze des Schrecklichen erreicht, verstummte es plötzlich.«[3] Sein Sohn war geboren. »Was er gegen dieses kleine Wesen empfand, war ganz und gar nicht das, was er erwartet hatte. Es lag in diesem Gefühle nichts Heiteres und Fröhliches; im Gegenteil, es war eine neue beängstigende Sorge hinzugekommen. Ljewin war sich bewusst, eine neue verwundbare Stelle hinzubekommen zu haben.«[4]

Für Ljewin war es zu spät. Er musste fortan für seinen Sohn Sorge tragen. Ich selbst traute mir vielleicht nicht zu, einem Kind eine Zukunft zu bieten, wo ich doch auch für mich selbst keine erkennen konnte.

Beeindruckt hat mich auch die Schilderung einer Geburt der japanischen Schriftstellerin Mieko Kawakami, diesmal aus der Sicht der Frau, die sich sehnlichst eine Schwangerschaft gewünscht hat. Die Ich-Erzählerin hat eine Abneigung gegen Sexualität mit einem Mann, ist gerade noch im gebärfähigen Alter und möchte ein Kind allein aufziehen. Nach fünf Versuchen mit künstlicher Befruchtung ist es endlich so weit: Sie ist schwanger. Auch sie verliert bei der Geburt das Zeitgefühl: »Kurz vor zehn. Merkwürdig, dachte ich. *Schon so spät?* Und gleichzeitig: *Noch so früh?*«[5] »Kurz nach zwei waren die Wehen so stark, dass ich schreien musste. Dieser Schmerz, dachte ich, sprengt die Grenzen dessen, was ein Körper aushalten kann, will darüber hinaus, nein, ist schon darüber hinaus, ist *Welt*. Ich dachte, ich sterbe, wusste nicht, was eigentlich schmerzte. Mein Körper? Die Welt?«[6]

Und dann tritt derselbe Augenblick ein wie bei Ljewins Frau Kitty: Plötzlich bricht der Schmerz ab. »Schneeweißes Licht breitete sich in mir aus. Es waren in Zehntausenden, nein, in Millionen von Jahren Entfernung pulsierende Sternennebel. Ein Strudel aller Farben der Welt, nebelumhüllt die einzelnen Sterne blinkend, sanft atmend. Aus weit aufgerissenen Augen starrte ich ihn an, starrte trotz der aufsteigenden Tränen, ohne zu blinzeln, in das Licht. Ich streckte meine Hand aus, versuchte, den Sternennebel zu berühren. Im selben Moment hörte ich ein Schreien.«[7]

Zweifellos muss eine Geburt eine überwältigende Erfahrung sein, die die Grenzen des bisher Erlebten sprengt.

Eine Erfahrung, die Frauen den Männern voraushaben und die ihnen in der Frühzeit der Menschheit Macht verlieh. Die phallokratische Kultur hat diese Macht in ihr Gegenteil verkehrt, und gewiss bin ich Teil dieser Kultur. »Nicht indem er Leben schenkt, sondern indem er es einsetzt, erhebt sich der Mensch über das Tier. Deshalb wird innerhalb der Menschheit der höchste Rang nicht dem Geschlecht zuerkannt, das gebiert, sondern dem, das tötet«, schreibt Simone de Beauvoir.[8]

Der nordirische Schriftsteller Jack Holland, der vor seinem Tod als letztes Buch eine Geschichte der Misogynie schrieb,[9] erinnert daran, dass der Begriff *cunt* – das englische Wort für »Fotze« – die schlimmste Form der Verachtung für Menschen beiderlei Geschlechts ausdrückt. Er bezeichnet die Stelle, an der das Kind »das Licht der Welt erblickt«. Die Beschimpfung ist ein verbales Überbleibsel der Verbrennung Hunderttausender »Hexen« auf dem Scheiterhaufen in der frühen Neuzeit.

Und vielfach bleibt es auch heute nicht bei der verbalen Beschimpfung. Im Mai 2020 wurde in Indien eine Frau tot in ihrem Haus aufgefunden. Bald stellte sich heraus, dass ihr Mann sie von einer Kobra-Schlange hatte beißen lassen. Immerhin wurde er zu zwei lebenslangen Haftstrafen verurteilt. Das ist ein Fortschritt. Wie sich Männer (und auch Frauen), die »Hexen« denunzierten, am Besitz der auf grausame Weise zu Tode Gebrachten bereichern wollten, so ließ der indische Mann seine Frau von der Schlange töten, um an ihre Mitgift zu gelangen. Es war Habgier, deren Befriedigung durch den misogynen gesellschaftlichen Konsens möglich gemacht wurde.

Dieser Grundkonsens sickerte in meiner Jugend in meine Wahrnehmung von Männern und Frauen wie das

Gift der Kobra. Als junges Mädchen hielt ich nicht viel von mir selbst. Auch wenn mir meine Eltern diese Missachtung nicht vermittelt zu haben scheinen, sah ich mich als nichtswürdig und konnte mir nicht vorstellen, dass sich ein Mann, also ein höherwertiges Wesen, jemals so weit herablassen könnte, eine wie mich zu lieben. Und dabei sehnte ich mich so sehr nach Liebe. Meine Monatsblutung ekelte mich, der Geruch des trocknenden Blutes war mir zuwider. Meine Mutter hat auch nichts unternommen, um mir eine positive Einstellung zu meinem Körper und seinen Funktionen zu vermitteln.

Als ich meine erste Blutung bekam, zeigte sie mir den Umgang mit einer Binde, lehnte sich an die Badezimmertür und sagte mit tiefer Traurigkeit in der Stimme: »Jetzt bist du eine Frau.« Ich habe die Menstruation stets als unnötigen Ballast meines Frauseins empfunden, *the curse*, »der Fluch«, wie sie im Englischen genannt wird. Nach deren Ende habe ich nur Erleichterung empfunden.

Auch beruflich traute ich mir weit weniger zu, als es meiner Intelligenz und meiner Bildung entsprochen hätte. Schließlich ließ ich mich zur Dolmetscherin ausbilden, zur sprachlichen Vermittlerin zwischen jenen, die die Entscheidungen treffen. Mehr war nicht drin.

Heute bin ich ohne Familie, habe nur meinen Mann. Das ist mehr, als ich erwarten konnte. Kinder und Enkelkinder fehlen mir nicht. Meine Kinderlosigkeit habe ich nie bereut, auch wenn ich manchmal bedauere, so wenig Kontakt zu jungen Menschen zu haben. Doch sie hat mir ein Leben in Freiheit ermöglicht. Nur eine Geburt hätte ich gern erlebt, auch wenn mich der Gedanke daran mit Grauen erfüllt. Es fehlt mir eine menschliche Erfahrung, die nur Frauen möglich ist. Aber wie können Frauen ein solches Martyrium überleben und sich für weitere Kinder entscheiden? Es wird mir ein Rätsel bleiben.

Zu Zeiten Tolstojs war es das unentrinnbare Schicksal der Frauen, Kinder zu gebären, häufig viele. Und nicht selten sind sie daran gestorben. Anna Karenina hat ihre zweite Geburt gerade noch überlebt, bevor sie sich auf noch gewaltsamere Weise selbst das Leben nahm. Heute können Frauen wählen. Unsere Natur ist nicht mehr unser Schicksal.

Ich denke an die etwa zweitausend Ukrainerinnen, die vor Kriegsbeginn für rund 20 000 Euro neun Monate lang ihren Leib an Paare aus reichen Ländern verliehen haben, um als Leihmütter ihr Armutsschicksal selbst in die Hand zu nehmen, manchmal sogar mehrmals. Wesentlich mehr verdienen an dieser Dienstleistung die Leihmütteragenturen. Krasser kann die globale soziale Ungleichheit nicht vorgeführt werden.

Die meisten Leihmütter sind Alleinerziehende, die mit dem so verdienten Geld eine Wohnung kaufen oder sich ein Haus bauen – das nun der Zerstörung anheimfällt. Die letzten Wochen ihrer Schwangerschaft müssen sie von ihren eigenen Kindern getrennt in der Klinik verbringen und dürfen wegen der unterschiedlichen Gesetzeslage – in Deutschland etwa ist Leihmutterschaft verboten – die Ukraine nicht verlassen. Besonders in Kriegszeiten ist beides eine Katastrophe.

Mein Bruder

Sie nannten ihn Peter. Wie auch mein Name, Erica, sollte sein Name in England, in Österreich oder anderswo nicht fremd klingen. Peters gibt es in vielen Sprachen. Bei meinem Namen ist meinen Eltern leider entgangen, dass Erika in Nazi-Deutschland ein beliebter Vorname war und in dem Marschlied »Auf der Heide blüht ein kleines Blümelein« die naturverbundene Liebe zur Heimat besungen wurde. Deshalb kämpfe ich – manchmal auf verlorenem Posten – um das »c« aus meiner englischen Geburtsurkunde.

Bei meiner Geburt am 1. Januar 1943 lagen noch über zwei Kriegsjahre vor uns, es war ungewiss, wie es mit der Welt weitergehen würde. Peter jedoch kam am 17. März 1947 zur Welt, am St. Patrick's Day. Der Krieg war vorbei. Während ihrer zweiten Schwangerschaft wusste meine Mutter schon, was mit ihren Eltern in Warschau geschehen war: erstickt im Gas. Die Schwangerschaft mache sie müde, schrieb sie an ihren Schwiegervater nach Wien, sie sei oft verdrossen und fühle sich nicht mehr so jung wie früher. Und der fürchterliche Tod ihrer Eltern würde ihr nie wieder aus dem Kopf gehen. Mein Bruder wuchs schon im Mutterleib mit einer schweren Last heran. Mein Vater war bereits dabei, eine mögliche Rückkehr nach Wien in Erwägung zu ziehen, gegen den Wunsch meiner Mutter. Ob dieses zweite Kind ebenso erwünscht war wie ich, weiß ich nicht.

Peter im Jahr seiner Geburt, 1947

Peter war ein ruhiges Bübchen, er lag in unserem Garten in einem himmelblauen Seidenkleidchen auf der Decke und verfolgte zufrieden und mit dem Mund Blasen bildend das Rascheln der Blätter über seinem Kopf. Mehr weiß ich über seine erste Zeit auf Erden nicht. Auch nicht, ob ich mich über seine Ankunft gefreut habe. Heute gibt es keine Person mehr, die ich fragen könnte.

Die nächste Erzählung meiner Mutter, die ich mir gemerkt habe, handelt von einer albtraumhaften Eisenbahnreise im Simplon Orient Express im Juli 1948, von London über Frankreich und die Schweiz nach Wien. Der sechzehn Monate alte Peter schrie das Coupé nieder und spuckte seinen Brei auf die genervten Mitreisenden. Die Reise dauerte anderthalb Tage, und vermutlich verzog sich unser Vater auf den Gang, um eine Zigarette nach der anderen zu rauchen, Player's Navy Cut, und vielleicht mit einer jungen Schweizerin zu schäkern, glücklich, endlich Deutsch sprechen zu können, ohne gleich als Spion verdächtigt zu werden. Meine Mutter trocknete derweil Peters durchnässte Windeln im Gepäcknetz.

In welchem Zustand sie in der Stadt ankam, die nichts als beklemmende Erinnerungen in ihr wachrief, ist kaum auszudenken. Sogar von Scheidung war in England die Rede gewesen. Ich als älteres Kind sollte beim Vater bleiben, Peter bei der Mutter. Aber es war eben nur so ein Gedanke; denn wie hätte die Mutter in England mit einem Baby überleben können? Und außerdem liebte sie ihren Mann. Damals noch.

Dem Vater meines Vaters, meinem »arischen« Großvater, gehe es gesundheitlich schlecht, schrieben die beiden Onkel aus Wien und drängten zur Rückkehr. Den Ausschlag gab schließlich ein Brief der Wiener Verkehrsbetriebe, in dem meinem Vater sein alter Posten als Buchhalter in Aussicht gestellt und versprochen wurde, ihm die Zeit seines Exils für die Pension anzurechnen. Von da an gab es kein Halten mehr, denn mein Vater hatte ein großes Sicherheitsbedürfnis. Schade, denn er wäre sicher in Österreich wie auch in England ein prima Journalist geworden. Er schrieb leidenschaftlich gern, auf Deutsch ebenso wie auf Englisch, und verfügte in beiden Sprachen über einen hervorragenden Stil. Dieses Bedürfnis befriedigte er später mit dem Verfassen ausführlicher Briefe an die Familie von seinen Urlaubsreisen und mit politisch pointierten Leserbriefen an die sozialdemokratische *Arbeiter-Zeitung*, die er abonniert hatte.

Meine Mutter hatte keine Chance. Sie hätte – von meiner heutigen Warte aus gesehen – in England bleiben müssen. Was natürlich leichter gesagt ist als getan, auch wenn sie als ausgebildete Silberschmiedin durchaus über eine Fertigkeit verfügte, die sich in Geld hätte umsetzen lassen. Während des Krieges war das allerdings nicht möglich, ein einziger Versuch in diese Richtung scheiterte an der Forderung ihres potenziellen Arbeitgebers nach einem von ihr zu leistenden finanziellen Vorschuss auf ihre künftige Tätigkeit. So arbeitete sie in St Albans also in einer Fabrik in der Kriegsproduktion. Mit Begeisterung hat sie ihr Leben lang die Solidarität der englischen Arbeiterinnen gepriesen. Sie war England dankbar, ihr und meinem Vater Schutz vor der »Hitlerhölle« geboten zu haben. Mein Vater jedoch wollte unbedingt zurück. Es muss schwer gewesen sein für sie.

Als wir in Wien ankamen, war der Großvater bereits tot. Er hatte sich noch vor unserer Abreise eine Lungenentzündung zugezogen, starb aber an einer Medikamentenvergiftung, die mein Vater unwissentlich herbeigeführt hatte. Er hatte seinem Vater aus England Penicillin geschickt, das in Österreich nicht erhältlich war. Der kranke Mann nahm das Medikament ein, ohne zu wissen, dass es mit den konventionellen Medikamenten, die man ihm bisher verabreicht hatte, eine lebensbedrohliche Verbindung eingehen würde. Man fand ihn, die Pfeife im Mund, bewusstlos in seinem Fauteuil. Er starb kurz nach der Einlieferung ins Spital. In der für den Fall seines Ablebens bereitgestellten Urne fand sich ein Abschiedsbrief, den er unter dem Eindruck des Krieges verfasst hatte. Darin äußerte er die Hoffnung, meinen Vater, »den tapferen Helden«, wie er ihn nannte, noch einmal zu sehen, und entschuldigte sich bei der Schwiegertochter für seine taktlose Äußerung zur bevorstehenden Hochzeit. »In Deutschland draußen ist das doch verboten«, hatte er ihr gesagt, als sie ihm mitteilte, dass sie und sein Sohn heiraten wollten; eine Bemerkung, die sie ihm nie verziehen hat.

Der Tod seines Vaters änderte nichts am Entschluss von Erich Fischer, nach Österreich zurückzukehren. »Er ist im Geiste schon in Wien, es ist ja seine Heimat«, schrieb meine Mutter an die österreichischen Verwandten. »Ich habe keine Heimat außer England. Ich bin schon müde, immer wieder neu anzufangen.« Abgesehen davon war sie zutiefst enttäuscht über den Ausgang der ersten National-ratswahl nach dem Krieg. Im November 1945 hatte die Österreichische Volkspartei (ÖVP), die der Partei folgte, die meine Eltern 1935 wegen ihrer Tätigkeit bei einer damals, in der Zeit des Austrofaschismus, verbotenen Gewerkschafts-zeitung in den Knast geschickt hatte, die absolute Mehr-heit gewonnen. Die Kommunisten erzielten nur ein über-raschend mageres Ergebnis.

Auch mein Vater sah Österreich bereits als »schwarzen Fleck in einem fortschrittlichen Europa«. Die ÖVP hätte ohne die Stimmen der Nazis doch niemals die Mehr-heit bekommen! Die Entrüstung unter den linken Rück-kehrerinnen und Rückkehrern aus der Emigration war ein-hellig.

Auf einem voll beladenen Pferdewagen ging es mit dem Hausrat aus England in den 15. Bezirk, wo wir vorerst unterkamen. Mein Vater saß auf dem Kutschbock – mit seiner geliebten Empire-Baby-Reiseschreibmaschine auf den Knien. Meine Mutter hatte sie ihm zwei Tage vor ihrer geplatzten Abreise nach Australien gekauft, als sie noch hoffte, meinem dorthin deportierten Vater nachreisen zu können. Die Reise war aber wegen der Kriegshandlungen auf hoher See im letzten Augenblick abgesagt worden.

Zu viert lebten wir im ersten Wiener Jahr in einer Einzimmerwohnung im »Heimhof«, der Wohnung meiner Eltern vor ihrer Flucht nach England, um die sich der jüngere Bruder meines Vaters, Georg, während ihrer zehnjährigen Abwesenheit gekümmert hatte.

Das 1923 von einer Gemeinnützigen Bau- und Wohnungsgenossenschaft errichtete »Einküchenhaus« hatte zum Ziel, die Hausfrau von der Hausarbeit zu entlasten. Moderne Einrichtungen wie Zentralheizung, eine technisch auf dem neuesten Stand eingerichtete Zentralküche, ein Speiseaufzug, Wäschereien im Souterrain, eine Zentralwäscherei, eine Badeanlage und ein Müllschacht sollten ihr dabei helfen. Später kam auch ein städtischer Kindergarten dazu. Die Mahlzeiten konnten im Speiseraum eingenommen oder mit dem Speiseaufzug in die Wohnung bestellt werden. Die Mieten waren etwas höher als in anderen Sozialbauten und deckten auch die Reinigungs- und Energiekosten. Im Speisesaal fanden wissenschaftliche und politische Vorträge sowie unterhaltsame Veranstaltungen statt, und zur Entspannung gab es eine Dachterrasse.

Familien und Paare wurden nur aufgenommen, wenn beide Teile berufstätig waren. Wenig überraschend fielen die Kommentare der bürgerlichen Presse und konservativer Politiker negativ aus: »Gemeinsame Küchen in Mietshäusern sind abzulehnen, alles ist abzulehnen, was die seelischen Kräfte der Familie zerstört«, verkündete am 5. September 1925 die *Reichspost*. Das Einküchenhaus blieb ein isoliertes Experiment. Bereits zu Beginn des Austrofaschismus 1934 und spätestens bei der Machtübernahme durch die Nationalsozialisten 1938 fand die Idee ihr endgültiges Ende. Speisesaal und Zentralküche wurden zugesperrt, und in die Wohnungen baute man Küchen ein. Jede Frau sollte wieder in ihrem eigenen »kleinen Reich« für die Familie sorgen.

Ich, die Fünfjährige, war bei der ersten Besichtigung von der Größe des Zimmers beeindruckt, war ich doch unser englisches Reihenhaus mit mehreren kleinen Räumen gewohnt. Dass wir in diesem großen Zimmer zu viert wohnen würden, war für mich kein Problem. Insgesamt fand ich unseren Umzug in die neue Welt aufregend. Vor der Abreise aus England hatte ich ohne Bedauern meine Spielsachen an die Nachbarskinder verschenkt. Nur meinen Pandabären, ohne den ich nicht sein konnte, nahm ich mit. Der echte Pandabär war nach dem Krieg aus China in einen Londoner Zoo gebracht worden. Atemlos hatte ich das Drama seiner Überführung im Radio verfolgt.

Der Pandabär aus England ging verloren, und als Erwachsene kaufte ich mir in einer sentimentalen Anwandlung einen flauschigen schwarz-weißen Teddy, der nunmehr auf meiner Couch verstaubt. In Wien angekommen, erinnerte ich mich mit Wehmut an die bunten Jellys, die auf Deutsch anschaulich »Wackelpudding« genannt werden und uns von englischen Müttern bei Kindergeburtstagen vorgesetzt wurden. Der ohne Eier zubereitete Bird's Custard mit dem gelben Entchen-Logo wurde uns noch jahrelang von Freunden aus England nachgeschickt. Immer noch ist er für mich der Inbegriff von Vanillepudding. Dr. Oetker hat keine Chance.

In Wien lebte ich mich rasch ein – nach dem ersten Schock über das mir unverständliche Verbot, im Schönbrunner Schlosspark den Rasen zu betreten, und das fremde Kauderwelsch, das mir schon in England auf die Nerven gegangen war, wenn meine Eltern miteinander

Deutsch sprachen. Nie wieder wollte ich unsere Wohnung verlassen, erklärte ich, nachdem ich feststellen musste, dass ich mich mit den Kindern im Hof nicht verständigen konnte. Doch das ging unmerklich vorüber. Kaum hatte ich mich's versehen, sprach ich schon Deutsch wie eine Einheimische. Nur für das Erlernen der komplizierten Uhrzeit brauchte ich eine Weile. »Drei viertel zehn« oder »halb elf« ist schließlich nicht einfach, wenn man die Uhrzeit auf Englisch gelernt hat. Auch Knödel mochte ich lange nicht essen.

Schon bald wurde mir für Weihnachten ein Geschenk in Aussicht gestellt, das wie kaum ein anderes die österreichische Identität verkörpert: Schi! In der Nacht vor der Bescherung war ich so aufgeregt, dass ich nicht schlafen konnte. Ich wusste, dass Schi längliche Bretter sind, aber ich stellte sie mir aus Metall vor, vorn gefährlich zugespitzt, sodass man sich damit ein Auge ausstechen konnte.

Endlich ging es mit der Mutter zum Schifahren in die Berge. Die Erinnerungsbruchstücke muten schaurig an. Das Gästezimmer, in dem wir untergebracht waren, hatte eine Ofenheizung, die über Nacht erlosch. Am Morgen war das Wasser in der »Lavor« genannten Waschschüssel zu Eis gefroren. Unsere wackere Mutter stand lange vor uns auf und heizte ein. Als wir aus dem Bett krochen, war es im Zimmer bereits mollig warm, und das Eis im Lavor war zu Wasser geworden.

Meinem Bruder bekam der Umzug nach Wien weniger gut. In den ersten Wochen schlug er in einem fort mit dem Kopf gegen die Wand. Mein Onkel Heinz bastelte Peter ein gelb gestrichenes Schaukelpferd mit zwei Kufen und Griffen an beiden Seiten des Kopfes. Dieses Hutschpferd liebte Peter sehr und drückte beim stundenlangen Schaukeln seine Kacke in der Windel flach. Nur dieses Pferd konnte ihn beruhigen. Doch zwei Jahre später, als wir schon unsere neue, größere Wohnung im Süden Wiens bezogen hatten, begann er wieder, mit dem Kopf gegen die weiche Rigipswand zu schlagen, immer an dieselbe Stelle, bis dort eine Delle entstand. Er rieb sich ständig mit den Fingern die Nase von der Wurzel zu den Nasenflügeln, kratzte mit den Fingernägeln Löcher in die Wand, warf noch als Vierzehnjähriger stundenlang einen kleinen Ball gegen die geschlossene Tür und versteckte seine getragene Unterwäsche hinter dem Bett. Er log und stahl, entnahm der Geldbörse unserer Mutter kleine Beträge und kaufte sich damit Süßigkeiten. Wenn er etwas angestellt hatte, schob er es auf mich. Ich, das brave Mädchen, dem niemals eine Lüge über die Lippen kam, war fassungslos. Das Unangenehmste aber war: Peter nässte ein. In der Nacht, aber auch am Tag. Meine Mutter jammerte, wenn seine nicht waschbare Lederhose vollkommen durchnässt war.

Waren das Hilferufe, ein Flehen nach Anerkennung? Erhielt er nicht genügend Aufmerksamkeit? Wurde ich ihm als Vorbild vorgehalten, dem er nicht gerecht werden konnte? War das der Grund, warum er manchmal, wenn die Eltern außer Haus waren, mit unkontrollierter Wut auf mich losging?

Mit einer Schere griff er mich an, mit einem Stuhl stürzte er sich auf mich, sodass ich mich zu meinem Schutz im Badezimmer einschloss. Wenn meine Mutter sich nicht mehr zu helfen wusste, hieß es klassisch: Warte, bis der Vater kommt. Und der Vater, ein sanfter, feinfühliger Sozialist mit geringem Durchsetzungsvermögen, kam, schloss die Tür von Peters Zimmer hinter sich, zog seinen Ledergürtel aus der Schlaufe und schlug zu. Gelegentlich nahm er auch den Teppichpracker aus geflochtenen Weidenzweigen. Starr vor Schreck stand ich vor der Tür und hörte meinen kleinen Bruder schreien. Oder mein Vater sperrte ihn ins unbeleuchtete »Kammerl«, in dem Werkzeug, Putzmittel und Urlaubskoffer aufbewahrt wurden. Das war Folter. Isolationshaft. Später sagte mir meine Therapeutin, dass auch das erzwungene Mitansehen von Grausamkeiten zu einer Traumatisierung führen kann.

Schlimm war, was sie taten, als Peters kleine Diebstähle aufflogen. Der Greißlerin vom Stockholmer Platz war aufgefallen, dass Peter immer Geld für Zuckerln hatte, und sie meldete es meiner Mutter. Da führten sie ihn dem Hiesinger vor. Der Hiesinger war ein pensionierter Polizist, der in der warmen Jahreszeit immerzu am Fenster hockte und die im Hof spielenden Kinder anbrüllte, das Gras nicht zu betreten. Sein lautes, aggressives Polizistenverhalten flößte uns Kindern Angst ein. In meiner Erinnerung trug er immer ein weißes Rippunterhemd. Diesem Hiesinger wurde der verängstigte Peter vorgeführt. Er, der Polizist, solle ihm erklären, was mit Leuten passiert, die stehlen.

Noch schlimmer war, was sie taten, um dem Kind das Einnässen abzugewöhnen. Irgendein Arzt muss ihnen wohl das bis 1955 von der Erzdiözese Wien geführte Preyer'sche Kinderspital empfohlen haben, in dem Nonnen ihren Dienst verrichteten. Dort wurde Peter eingeliefert. Jedes Mal, wenn er ins Bett gemacht hatte, verpassten sie ihm eine Placebo-Spritze, vor der er sich panisch fürchtete. Und sie demütigten ihn vor den anderen Kindern, denen sie das nasse Leintuch zeigten. Am Ende schien die Therapie gewirkt zu haben. Als er nach elf Tagen wieder nach Hause kam, machte er nicht mehr ins Bett. Der dünne Bub mit den von Karies befallenen Zähnchen und dem Spangerl

Peter mit Nachbarskind, ca. 1951

im Haar, den man heute wohl als verhaltensauffällig (oder autistisch?) bezeichnen würde, hatte sich der Angst gebeugt. Meine Therapeutin sagte mir später, dass bei Bettnässern die nicht geweinten Tränen an anderer Stelle ausfließen.

Während ich als Größere in unserer Dreizimmerwohnung mein Bett im Wohnzimmer hatte, das tagsüber in eine Couch umgewandelt wurde, erhielt der Kleinere, der früher zu Bett musste, sein eigenes Kabinett. Dort spielten wir im Winter miteinander. Im Sommer saß Peter gern auf unserem kleinen Balkon, lernte, am Motorgeräusch der auf der anderen Seite der Grünfläche die Favoritenstraße hinunterfahrenden Autos die Automarken zu erkennen, und gab ihnen Fantasienamen. Bald kannte er auch die Namen der Hauptstädte aller Länder der Welt. Und die Flüsse. Als ich mich als Teenager für Rock 'n' Roll begeisterte, brachte ich ihm bei, mit mir zu tanzen, und er fügte sich widerwillig.

Die Per-Albin-Hansson-Siedlung, in die wir 1950 eingezogen waren, war ein Ensemble aus einstöckigen Siedlungs- und Reihenhäusern mit Gärten. Die Gemeinde Wien ließ sie nach dem Krieg als erste Wohnanlage mit von Schweden zur Verfügung gestellten Maschinen errichten. Sie stellten aus dem Schutt der Kriegsruinen Ziegel her. Alle Straßen erhielten schwedische Namen. Die Wohnungen wurden bevorzugt Rückkehrerinnen und Rückkehrern aus der Emigration und Opfern des Nationalsozialismus angeboten.

Wir erhielten eine 55 Quadratmeter große Dreizimmerwohnung in einem Haus, in dem noch drei andere Parteien wohnten. Meine Mutter weinte, als mein Vater mit der Nachricht nach Hause kam, dass wir dorthin ziehen würden. Denn die Siedlung lag am damaligen Stadtrand, in Favoriten. »Dort stechen sie wie die Bienen«, sagte man damals über diesen übel beleumundeten Arbeiterbezirk. Meine Mutter war zwar Kommunistin, hätte aber lieber in einem bürgerlichen Bezirk gewohnt – am Roten Berg in Ober Sankt Veit zum Beispiel, wo ebenfalls eine Siedlung der Gemeinde Wien entstand. Da das Leben zu viert in einem Raum aber sehr beengt war, mussten meine Eltern das erstbeste Angebot annehmen. Nicht einmal auf eine Wohnung mit Garten wollten sie warten. Das war schade, zumal die Mutter bis zu ihrem Tod in der Siedlung wohnen blieb. Im Alter hätte ihr ein Garten bestimmt Freude gemacht.

In der ersten Zeit waren die Wege zu unserem Haus noch nicht asphaltiert, wenn es regnete, versanken die Besucher im Schlamm. Oben auf dem Laaerberg musste

Sommer 1950 mit unserer Mutter

man von der Straßenbahn Nummer 67 in die 167 um-
steigen, die die Favoritenstraße drei Haltestellen bis zur
Endstation hinunterfuhr. Nachts wurde der Betrieb der
Tram 167 eingestellt. Wenn ich als Teenager von der Oper
nach Hause kam, musste ich eine menschenleere Straße
hinunterstöckeln. Meine Eltern machten sich keine Sorgen. In den Fünfzigerjahren waren die Straßen noch
sicher.

Die Häuser ohne Gärten waren um großzügige Höfe
mit Grünanlage, Sandkiste und Klopfstange neben den
Coloniakübeln, den Mülltonnen, gruppiert. Am Rand der
Siedlung erstreckten sich Getreidefelder, in denen Korn-
und Mohnblumen wuchsen, aus denen wir Kinder Kränze
flochten. Im Sommer liefen wir immer barfuß. Peter besaß
einen schicken grün lackierten Trittroller mit dicken wei-

Mit unserem Vater

ßen Reifen und wurde von seinen Spielkameraden im Hof stets mit lautem Hallo begrüßt. Nur wenn meine Mutter ihn auf Englisch zum Essen rief, verhöhnten die Kinder sie als »Bemmerin«. Menschen aus Böhmen waren wohl die einzigen Ausländer, die sie kannten.

Bis ich ins Teenageralter kam, sprachen wir zu Hause Englisch. Außerhalb der Wohnung schalteten wir auf Deutsch um. Auch auf unseren Urlaubsreisen sprachen wir Englisch. Wir wollten den Menschen in Jugoslawien und Italien die Tätersprache nicht zumuten. So lernte ich, zwischen der »guten« und der »bösen« Sprache zu unterscheiden und auf die Opfer der Nazis Rücksicht zu nehmen. Irgendwann weigerte sich Peter, der als Kleinkind in Wien beide Sprachen gleichzeitig gelernt hatte, Englisch zu sprechen. Er verstand es aber weiterhin gut und erinnerte sich

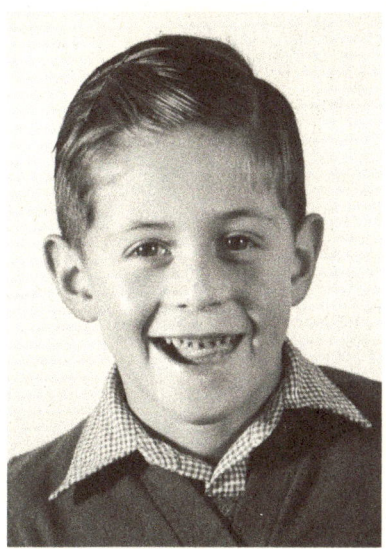

Weihnachten 1952

dank des Englischunterrichts in der Schule rasch an seine
Kindheitssprache.

Wie so viele Menschen in der Nachkriegszeit waren wir
arm, doch unsere Eltern versuchten, uns alles zu bieten, was
sie sich nur irgendwie leisten konnten: ab und zu ein Film,
Besuche im kommunistischen Theater »Scala«, Urlaube
und Sport. Wenn mein Bruder und ich den Eislaufverein
in der Stadtmitte besuchten, trugen wir zerknautschte Ano-
raks, vermutlich aus zweiter Hand, er einen blauen, ich einen
roten. Im Eislaufverein tummelten sich die Bürgerkinder,
und die Scham brennt immer noch, wenn ich mich daran
erinnere, dass wir einmal wegen unserer ärmlichen Erschei-
nung von einem Kind als »Affen« beschimpft wurden. In
einem abgegrenzten Areal trainierten spätere Medaillen-
gewinnerinnen. Ihnen zuzuschauen, war ein Genuss.

So wuchs mein Bruder heran. Bestimmt trug die stürmische Ehe unserer Eltern nicht zu einer glücklichen Kindheit bei. Was genau das Problem war, weiß ich nicht, aber da mein Vater ein Charmeur war, vermute ich, dass meine Mutter neben ihrer allgemeinen Unzufriedenheit mit ihrem Hausfrauendasein auch Anlass zur Eifersucht hatte. Oft ging es bei uns laut zu, denn meine Mutter hatte eine kräftige Stimme. Mein Volksschullehrer wohnte in der Nachbarwohnung, und wenn ich ihm auf dem Schulweg im Treppenhaus begegnete, konnte es vorkommen, dass er sich zu unserem häuslichen Lärm äußerte. Das war mir sehr unangenehm.

Einmal gab es einen Streit, der dazu führte, dass meine Mutter mit der Faust die Fensterscheibe unserer Balkontür einschlug; ein andermal sehe ich meinen Vater verzweifelt vor ihr knien. Und einmal lief ich im Nachthemd schreiend ins Treppenhaus. In meinem Tagebuch bedauerte ich meinen kleinen Bruder, der das alles miterleben musste, während ich mich schon in einem Alter sah, das es mir erlaubte, es zu ertragen. Ich hätte mir die Scheidung meiner Eltern gewünscht. Doch dazu kam es nie.

Als Jugendlicher veränderte sich Peter plötzlich, sprang vom Kinderbuch *Jörgl, Sepp und Poldl* direkt zu Baruch de Spinoza. Er entdeckte die Philosophie, was ihn aber anscheinend nicht glücklich machte. Matt auf seinem Bett ausgestreckt, klagte er über »Palpitationen«. Es war die Zeit der Beatles, und er weigerte sich, zum Friseur zu gehen. Ein Lehrer rief bei uns zu Hause an und forderte meine Mutter auf, ihrem Sohn die Haare schneiden zu lassen. Ob sie überhaupt einen Versuch unternahm, ihn zum Friseur zu schleppen, ist mir nicht bekannt. Ich weiß nur, dass Peter die Haare immer lang trug und sie sich auch, als sie schon grau geworden waren, noch selbst schnitt. Zunehmend mied er jeden Kontakt mit fremden Personen, und ich kann mir vorstellen, dass ein Friseurbesuch eine unerträgliche Qual für ihn gewesen wäre.

Während ich ein Mädchenrealgymnasium im Bezirk Favoriten mit überwiegend sozialdemokratischen Lehrkräften besuchte, die uns ein halbwegs fortschrittliches Weltbild vermittelten und vor allem keine Nazis waren, fuhr Peter mit der Straßenbahn in eine Schule in der bürgerlichen Josefstadt. Denn auch sein Freund Gerhard, der Nachbarsjunge und Sohn meines Volksschullehrers, wurde dorthin geschickt. Wenn die beiden etwas angestellt hatten, wies ihr Klassenlehrer stets darauf hin, dass es wieder die aus dem Arbeiterbezirk Favoriten waren, die, die auch keinen Religionsunterricht besuchten.

Peter war ein guter Schüler und spielte manchmal in der Klasse den Kasper, wenn er sich im Englischunterricht langweilte. Gerhard, der wegen seiner Homosexualität schwer zu kämpfen hatte und an einer schlimmen Neurodermitis litt, vertraute mir später an, dass mein Bruder schon in der Schulzeit den Freitod als erstrebenswertes Lebensziel gepriesen hatte. Für ihn war er eine philosophisch gerechtfertigte Entscheidung.

Nach der Matura inskribierte Peter an der Universität Philosophie und zog sich immer mehr zurück. Wenn ein Studienkollege anrief, ließ er sich von der Mutter verleugnen; er wolle sich nicht volllabern lassen, sagte er. Wenn das Telefon klingelte, kroch er manchmal sogar unter den Tisch. Alle, die sich in der Welt zu behaupten wussten, flößten ihm unangemessenen Respekt ein. Darunter fiel auch ich. Dafür rächte er sich. Mir gegenüber konnte er in einer Weise intellektuell hochgestochen und überheblich

Peter beim Späßetreiben in der Schule, 1964

dozieren, die mir jede Möglichkeit nahm, ihm zu folgen, geschweige denn, mich inhaltlich mit ihm auseinanderzusetzen. Dasselbe tat er bei der Mutter, die ihn vergötterte, ohne überhaupt zu verstehen, wovon er sprach.

Die philosophische Überhöhung jeder Alltagsfrage war seine Waffe, mit der er sich gegen das in seinen Augen geglückte Leben der anderen zur Wehr setzte. Gleichzeitig verteidigte er seinen Lebensstil eines Privatgelehrten, der Arbeit nicht nötig hatte. Meistens vermittelte er mir den Eindruck, meine geistige Beschränktheit, die mir nur schlichte journalistische Arbeit ermöglichte, zu verachten. Manchmal erfasste mich eine unbändige Wut auf ihn: Während er dem Müßiggang frönte und sich um materielle Belange nicht zu kümmern brauchte, hatte ich es als Freiberuflerin nicht leicht, durchs Leben zu kommen. Dann

Peter mit unserer Mutter im September 1969

klangen unsere gekreuzten Satzklingen wie das Fauchen
wilder Tiere. Bei solchen Gelegenheiten schwieg die Mutter,
ließ uns allein und machte sich in der Küche zu schaffen.

Auch seine stets korrekte, unauffällige Kleidung, meistens braun oder grau, wählte Peter nicht selbst aus. Alles
erledigte die Mutter für ihn. Er hatte ja kein eigenes Geld.
Wenn ich ihm ab und zu kleinere Rohübersetzungen aus
dem Englischen zu erledigen gab, mit denen er sich Geld
für seine Bücher verdienen konnte und die er durchaus
zu meiner Zufriedenheit erledigte, kapitulierte er bei der
geringsten Schwierigkeit und kehrte seine Frustration
wütend gegen mich, ich solle ihn in Frieden lassen. Irgendwann ließ ich es sein. Wenn ich von einem Besuch bei Mutter und Bruder, die ich manchmal versehentlich »Eltern«
nannte, in meine WG zurückkehrte, musste mich mein
Freund erst einmal in die Arme nehmen. Hilflos musste
ich zusehen, wie die unabwendbare Katastrophe ihren Lauf
nahm.

Peter wurde einer, der sich aufgegeben hatte. Nach Jahren mit Bestnoten in allen Seminaren blieb er an der Dissertation über Kants Ethik stecken. Der Professor habe sie zerpflückt, er sei es, der ihn auf dem Gewissen habe, schob er die Schuld für den missglückten Studienabschluss auf ihn. Danach wechselte er zu Walter Benjamin, den er wie auch Franz Kafka verehrte, kam aber ebenfalls nicht voran. In manischer Lesesucht häufte er ein ungeheures Volumen an Wissen an, das er nicht produktiv umzusetzen vermochte. Seine Zettel mit Verweisen und Querverweisen auf Bücher aus allen Wissensgebieten, versehen mit einem, zwei und drei Ausrufezeichen, würden ganze Schuhschachteln füllen. Er konnte sich nie entscheiden, auch nicht bei den Übersetzungen, bei denen er mich unterstützte und die er mit winzigen Fragezeichen spickte. Da half es bestimmt, wenn ihn die Mutter im herrischen Ton zum Abendessen rief, zur geordneten Welt von Extrawurst und Emmentaler, versehen mit regelmäßig verteilten Tupfern von scharfem Senf aus der Tube.

Seine beiden abgebrochenen Dissertationen hat er wohl vernichtet. Weder diese noch andere schriftliche Aufzeichnungen, die Auskunft über sein Denken und Fühlen hätten geben können, waren nach seinem Tod in der Wohnung zu finden.

Bis zum Alter von Ende zwanzig besuchte Peter noch regelmäßig Vorlesungen an der Universität. Danach verbrachte er seine Zeit nur noch mit Lesen und Zeichnen an seinem Schreibtisch, auf dem die Bücher und Stifte akribisch genau in Reih und Glied angeordnet lagen. Wenn ich bei einem meiner Besuche seine Bibliothek bestaunte, versicherte er mir, dass sie eines Tages mir gehören würde. Ich tat dann so, als hätte ich es nicht gehört.

3. Februar 1984

Manchmal, sehr selten, zeigte er mir eine seiner Zeichnungen. Nach seinem Tod 1999 zog ich aus dem untersten Schrankfach meiner Mutter eine zerfledderte Leinenmappe aus ihrer Studienzeit. Mir stockte der Atem: Darin lagen Peters Zeichnungen, auf Altpapier, zu Postkartengröße zurechtgerissen, auf der Rückseite von Kalenderblättern, Postwurfsendungen, Einladungen zu Vorträgen und Konzerten; wie Maler und Dichter in den Konzentrationslagern jeden verbotenen Fetzen Papier nutzten. Manchmal verwendete er auch die Pappe, mit der Männerhemden in ihrer Folienverpackung in Form gehalten werden, ein glatter, dicker Karton, auf dem die Tusche nicht zerrann.

»Autoritratto«, 7. August 1988

Es schien, als seien seine Arbeiten in seinen Augen kein ordentliches Zeichenpapier wert, das er durchaus auch besaß. Später färbte er Flächen so lange mit dem Kugelschreiber ein, bis kein einziger Strich mehr sichtbar war, nur eine satte, glatte blaue oder rote Fläche. Die Zeichnungen waren überwiegend unsigniert und undatiert, nur manchmal konnte ich auf der bedruckten Rückseite ein Datum oder zumindest eine Jahreszahl erkennen.

Eine Arbeit trug den Titel »Autoritratto«; eine Tuschzeichnung, das Gesicht zerfurcht, die wie im Todeskampf nach oben gerichteten Augen triefend, die Zahnstummel wie von Würmern zerfressen. Auf der Rückseite einer Ein-

»Zerborstene Häuser«

ladung des ORF-Funkhauses zu einem Konzert waren zerborstene, auf einen Erdhaufen herabstürzende, notdürftig zusammengenagelte Bretter zu sehen. Bestimmte Motive kehren immer wieder: ineinander verkeilte Metallteile, gesichtslose Menschen mit erhobenen Armen an den Fenstern einstürzender Gebäude, den Mund zum Schrei geöffnet. Menschen, die von Hochhäusern stürzen, ein Bild, das sich nach 9/11 in unsere Gehirne eingebrannt hat, aber lange davor gezeichnet wurde; Gebäude mit klaffenden Löchern vor dem Hintergrund eines schwarzen Himmels mit Sichelmond und glitzernden Sternen. Krieg.

»Die Familie«, wie Peter sie sah

Mitten darunter ein grausiges Familienbild: Vatermutterkind, nackt. Der Vater hat zwei Armstummel und trägt an beiden Beinen Prothesen. Klaffende Wunden an Hals und Schädel sind mit groben Stichen zusammengenäht. Auch die Mutter mit winzigen, schlaffen Brüsten hat genähte Wunden am linken Oberschenkel und an der Schulter, ihren rechten Unterarm ersetzt eine Prothese. In ihrem Schädel stecken Nägel, und obendrauf kauert ein insektenartiges Tier mit langen Fühlern. Zwischen den beiden, auf dem Boden sitzend, ein nacktes Kleinkind: ein Junge mit einer Handprothese in Kindergröße. Während die beiden Erwachsenen immerhin Gesichter haben, mit feinen Punkten ausgearbeitete verschlossene Augen, Nasen und Münder, hat das Kind zwischen den beiden in der Mitte seines Gesichts ein schwarzes Loch. Für ein zweites Kind ist in dieser Familie kein Platz. Ich spüre meinen Ausschluss, die Strafe dafür, dass ich gegangen bin.

Heute hängt das Bild eingerahmt über meinem Schreibtisch. Mein Mann mag es nicht ansehen. Als ich die polnische Übersetzung meines Buches *Himmelstraße* in Warschau vorstellte, wurde die Veranstaltung von einer jüdischen Journalistin moderiert, die mir gerührt sagte, mein Buch würde auch die Geschichte ihrer eigenen Familie erzählen. Als wir gemeinsam Peters Familienporträt betrachteten, das auf dem Buchcover abgebildet ist, und ich anmerkte, dass ich in dieser Familie nicht vorkam, sagte sie: »Logisch, deine Aufgabe war es, die Geschichte aufzuschreiben.«

Einmal, irgendwann in den 1970er-Jahren, gelang es mir, eine von Peters Tuschzeichnungen in einer Kulturzeitschrift unterzubringen. Sie zeigt einen einäugigen Mann mit einer riesigen Ausstülpung an der Wange, an dessen Kopfinhalt sich verspielt gemusterte Käfer laben. Durch einen Spalt in seiner Unterlippe sind drei Zähne zu erkennen. Dass mein Bruder mir die Zeichnung damals zur Veröffentlichung anvertraute, wundert mich heute noch; ob er sich darüber freute oder gar stolz darauf war, gab er nicht zu erkennen. Anders als ich ließ er sich durch die Meinung anderer nicht vom Glauben an seine eigene Wertlosigkeit abbringen.

Die Mutter weigerte sich, die seelische Not, die aus diesen Zeichnungen zum Himmel schrie, zur Kenntnis zu nehmen. Und wollte offensichtlich auch nicht Peters künstlerische Begabung erkennen. »Warum zeichnest du nicht etwas Schönes?«, fragte sie ihn einmal.

Tuschzeichnung von Peter

Die Zeichnungen fand ich, nachdem meine Mutter gestorben war und Peter sich das Leben genommen hatte oder, sagen wir, verschwunden war. 22 Jahre davor hatte er es schon einmal versucht. Nach dem Tod des Vaters 1974 auf einer Griechenlandkreuzfahrt wurde das Spinnennetz der Mutter noch engmaschiger. Immer weniger ließ sie ihm Luft, betonte stets seine Unfähigkeit, ein eigenständiges Leben zu führen, und vergötterte gleichzeitig seinen überragenden Geist. Allzu durchsichtig war ihr Bestreben, den Sohn nicht aus ihren Fängen entlassen zu wollen.

Mein Bruder wehrte sich auf seine Art, sprach mit geschlossenem Mund, sodass ihn die Mutter, die in späteren Jahren schwerhörig wurde, nicht verstehen konnte. Und wenn sie miteinander ausgingen, trödelte er so lange im Badezimmer, bis sie schließlich entnervt das Haus verließ und sie einander erst später in der Stadt trafen. So

konnte er verhindern, mit ihr gemeinsam in der Straßenbahn zu fahren. Flucht, wenn er sich über etwas ärgerte
oder wenn ihn etwas überforderte, war eine seiner Metho-
den. Ich erlebte es auch, als ich einmal anbot, den beiden
eine Waschmaschine zu kaufen; denn ihr ganzes gemeinsames Leben fuhren sie mit der Straßenbahn einige Haltestellen mit einer prall gefüllten Reisetasche in den Wasch-
salon. Aber Maschinen versetzten Peter in Panik. Da lief er
davon.

1975 verbrachte ich einige Monate in Paris, wo ich für
eine internationale Organisation an einer umfangreichen
Übersetzung arbeitete, die ich allein nicht bewältigen
konnte. Ich bat meinen Bruder, mir dabei zu helfen. Bei
dieser gemeinsamen Arbeit hatten wir eine gute Zeit miteinander. Peter war von Paris begeistert, flanierte stundenlang durch die Stadt, bewunderte die baumlosen Straßen-
fluchten und die schick gekleideten Frauen. Was ich nicht
wusste, war, dass die Mutter ihn mit Briefen bombardierte,
in denen sie ihre Einsamkeit beklagte und ihn zur sofor-
tigen Rückkehr aufforderte. Sie könne drei Wochen ohne
ihn nicht durchhalten und drohte zu telegrafieren – eine
seltsame Drohung. Und sie beschuldigte mich, alles daran-
zusetzen, ihn ihr abspenstig zu machen. Auch diese Briefe
fand ich 1999. Damals gab Paris Peter noch ein letztes Mal
die Kraft, sich zu wehren. Er riet der Mutter, sich eine
Beschäftigung zu suchen, sie müsse ihr eigenes Leben führen, er könne nicht vor der Zeit zurückkommen, denn er sei
eine Verpflichtung eingegangen. Und er blieb tatsächlich
bis zum Schluss.

Danach ging es weiter wie zuvor. Ohne den Ehemann,
an dem sie früher kein gutes Haar gelassen hatte, gab es im
Leben der Mutter nur noch ihren Sohn. Ihn kleidete sie ein,

mit ihm ging sie ins Kino und ins Museum, mit ihm fuhr sie in den Urlaub. Die Menschen, die sie auf ihren Reisen trafen, waren gerührt von dem gut aussehenden, liebevollen Sohn. Als die Mutter im August 1977 ein Wochenende bei einer Freundin auf dem Land verbringen wollte, sah Peter die Gelegenheit gekommen. Monatelang hatte er Medikamente verschiedenster Art gehortet, die er nun zusammen einnahm und sich ins Bett legte. Aus irgendeinem Grund blieb meine Mutter aber nicht über Nacht, sondern kehrte zurück und fand ihn.

»Erica, Peter röchelt!«, rief sie ins Telefon. Ich nahm ihr den Ernst der Lage zunächst nicht ab, hielt sie für hysterisch. »Mach kein Theater«, raunzte ich sie an. Wenn meine Mutter Gefühle zeigte, wurde ich zu Eis. Sie schaffte es allein, die Rettung zu rufen, und ich schaffte es zusammen mit meinem Freund, herauszufinden, in welches Krankenhaus man ihn gebracht hatte. Im Franz-Josef-Spital lag er im Koma, der Magen war bereits ausgepumpt. Plastikschläuche überall. Sein Atem klang wie durch einen Lautsprecher verstärkt. Er warf den Kopf hin und her, und wenn sich seine Augen einen Schlitz weit öffneten, sah man nur das Weiße.

Es war ein schwüler Abend, und wir standen vor der Tür des Krankenzimmers, meine Mutter, mein junger Freund, mit dem ich in einer WG wohnte, und ich. Dass mein Bruder überleben würde, war nun schon klar. Ich wollte ihn unverzüglich retten und schlug der Mutter vor, Peter meine Garçonnière zu überlassen, eine kleine Zimmer-Küche-Wohnung, in der ich nicht mehr wohnte. Ich würde die Miete übernehmen, wenn die Mutter ihm eine kleine Summe zukommen ließ, bis er gelernt hatte, auf eigenen Beinen zu stehen. »Ich zahle für ihn nur, wenn er bei mir lebt«, entgegnete sie schroff. Es war klar: Sie würde ihn nicht in die Freiheit entlassen.

Während des folgenden sechswöchigen Aufenthalts in der psychiatrischen Abteilung des Allgemeinen Krankenhauses als »Suizidgefährdeter« wurde er durch die Verabreichung von Psychopharmaka zu einer Art Zombie. Mit schlurfenden Schritten durchstreifte er das Gelände. Widerwillig ließ er die Einzel- und Gruppengespräche über sich ergehen und lehnte eine Folgetherapie ab. Er benahm sich wie ein Gast, ein staunender Beobachter der Vorgänge um ihn herum, die mit ihm selbst nichts zu tun hatten. Er hielt sich für gesund, sah sich nur seiner freien Entscheidung zur Selbsttötung beraubt. Das Leben war für ihn nur erträglich, weil er die Freiheit hatte, das Ende selbst zu bestimmen – ein Ausgleich für die Zumutungen des Alltags.

In der Klinik wurde Peter von der Therapeutin besucht, die ihn schon vorher behandelt hatte. Zu dieser Therapie, die vom Psychiatrischen Dienst der Gemeinde Wien angeboten wurde, hatte ich ihn überredet. Und ausgerechnet sie hatte ihm wohl die Kraft gegeben, den Entschluss, das Leben zu beenden, in die Tat umzusetzen. Vielleicht war es aber auch die Zuneigung oder gar Liebe, die er für diese junge Therapeutin empfand. Noch nie hatte er – abgesehen von der Mutter – ein so intimes Verhältnis mit einer Frau gehabt. Wie ein Verliebter sprach er mir gegenüber von ihren wunderbaren blauen Augen.

Die Therapeutin war schockiert, einen solchen Verlauf hatte sie nicht erwartet. Sie war, so schien es mir, von diesem Fall überfordert. Peter behandelte sie, wie er mich behandelte, er überschüttete sie mit einem Schwall an geschliffener Rede, derer sie sich nicht erwehren konnte. Sein Thema in der Therapie war seine Unfähigkeit, sich auszudrücken, wo er doch beredt war wie kein anderer. So stellte sie es mir gegenüber dar.

Nach seiner Rückkehr aus der Klinik schien sich mein Bruder zum Weiterleben entschieden zu haben, solange die Mutter ihn brauchte, also bis zu ihrem Tod. Doch er traute sich überhaupt nichts mehr zu. Selbst als ich ihn um eine Tipparbeit bat, ließ ihn diese Tätigkeit vor Anstrengung keuchen. Meine Versuche, eine Arbeit für ihn zu finden, scheiterten an seiner Angst vor dem Scheitern. Ich lud ihn ein, bei mir in der WG zu wohnen. Drei Tage hielt er durch, dann sehnte er sich nach der Geborgenheit seines Kinderzimmers und der Aufsicht seiner Mutter. Er wollte nichts als seine Ruhe haben. Ich gab auf.

In seinen Unterlagen fand ich nach seinem Tod ein Zitat aus Walter Benjamins *Einbahnstraße*, das er sich herausgeschrieben hatte: »Wie einer, der am Reck die Riesenwelle schlägt, so schlägt man selber als Junge das Glücksrad, aus dem dann früher oder später das große Los fällt. Denn einzig, was wir schon mit fünfzehn wussten oder übten, macht eines Tages unsere Attrativa aus. Und darum lässt sich eines nie wiedergutmachen: versäumt zu haben, seinen Eltern fortzulaufen.« Das war in der Tat bei Peter nicht wiedergutzumachen.

»Was wird mit Peter sein, wenn du einmal nicht mehr bist?«, fragte der Cousin meiner Mutter, als er aus Rio de Janeiro in Wien zu Besuch war. »No, was wird sein?«, antwortete sie, »er wird sich halt umbringen.« Noch Jahre später war der Cousin, ein ehemaliger Kämpfer im Warschauer Aufstand, den ich in Brasilien besuchte, schockiert von dieser Antwort. Allen war klar, dass Peter sich irgendwann das Leben nehmen würde.

Nach dem Tod des Vaters hatte die Mutter den Kontakt

zur österreichischen Verwandtschaft abreißen lassen. Immer seltener war sie bereit, Einladungen anzunehmen, und damit vereinsamte mein Bruder noch weiter. Vergeblich versuchte mein Cousin, Kontakt zu ihm zu halten. Doch wenn meine Mutter nicht zu Hause war, hob Peter das Telefon nicht ab, öffnete nicht die Tür, wenn der Cousin klingelte, und stellte sich tot, wenn er kleine Steine ans Fenster warf.

Dass der Lebensfaden ihres Sohns an ihrem hing, wusste die Mutter sehr genau. Diese tragische Verquickung schien ihr jedoch wenig auszumachen. Aber vielleicht verspürte sie doch auch eine gewisse Verantwortung und wurde deshalb fast neunzig Jahre alt.

Als sie am 4. Januar 1999 im Krankenhaus starb, kam ich eben aus Italien zurück, wo ich mit Freunden meinen 56. Geburtstag gefeiert hatte. Das war an sich schon unverantwortlich gewesen, denn ich wusste, dass es nach ihrem Schlaganfall nicht gut stand um den Gesundheitszustand der Mutter. Ich wohnte mittlerweile in Berlin. Auf dem Anrufbeantworter war Peters tränenerstickte Stimme, die mir mitteilte, was zu sagen war. Ich rief ihn an. »Soll ich kommen?«, fragte ich. »Nein, nicht nötig«, antwortete er und klang seltsam gefasst. Ich wollte es glauben.

Ich legte auf, öffnete die Post und fand ein belangloses geblümtes Billett von meinem Bruder, der mir alles Gute zum Geburtstag wünschte und viel Erfolg im kommenden Jahr. Kein Wort über den Zustand der Mutter. Nichts Persönliches. Diese erneute Ausstoßung verletzte mich so tief, dass ich ihn drei Wochen lang nicht mehr anrief. Bis es zu spät war.

Ein Begräbnis würde es nicht geben, das wusste ich. Die Mutter hatte ihren Leichnam der medizinischen Forschung zur Verfügung gestellt. Ich schickte Peter dann noch einen

Geschwister mit Mutter, November 1998

eiskalten Brief, in dem ich ihn um die Überweisung einer Geldsumme ersuchte, die er mir schuldete, und wünschte ihm ansonsten alles Gute. »Ich habe getan, was ich tun konnte«, schrieb ich, so, als wüsste ich, dass ich ihn nicht wiedersehen würde. Ich bot ihm aber ein Treffen anlässlich meines baldigen Wien-Aufenthalts Anfang Februar an.

Bei unserem letzten Abschied am Westbahnhof im November des Vorjahrs hatte es so etwas wie geschwisterliche Wärme zwischen uns gegeben. Wir hatten davor in einem Lokal besprochen, was Peter im Fall des Ablebens der Mutter tun könnte. Ich hatte alles recherchiert und für ihn aufgeschrieben: Er könnte Sozialhilfe beantragen, weil er in seinem Alter und ohne Berufsausbildung unter den gegebenen ökonomischen Bedingungen keine Aussicht auf Arbeit hatte. Wenn er bereit wäre, sich ein psychologisches Gutachten ausstellen zu lassen, könnte er sogar als Holocaustopfer der zweiten Generation eine Waisenrente beantragen. Liesl, unsere Cousine, würde ihn dabei unterstützen. Er könnte auch, wiederum vermittelt über die

Cousine, die ein Pensionistenheim leitete, Englischunterricht für Heimbewohnerinnen und -bewohner erteilen. Alle drei Angebote lehnte Peter ab. Er wolle dem Staat nicht zur Last fallen, und seine Englischkenntnisse seien nicht ausreichend, wehrte er ab. Als mein Zug abfahrbereit war, umarmte ich ihn, was ich noch nie getan hatte. »Ich will, dass es dir gut geht«, sagte ich. »Ich will nicht, dass du stirbst.« Als unsere Augen feucht wurden, schauten wir verlegen zu Boden.

Von da an rief er öfter an als früher, sprach sogar auf den Anrufbeantworter. Doch wenn ich zurückrief, verliefen unsere Gespräche kalt und distanziert wie immer. Sein fester Entschluss, seinem Leben ein Ende zu setzen, stand zwischen uns. Und es schmerzte mich, dass er mich nicht einbezog, mir nichts über den Zustand der Mutter mitteilte, mich nicht um Hilfe bat. »Du hast dich nie um uns gekümmert, du musst es auch jetzt nicht tun«, sagte er. Ja, es stimmt, ich hatte das elterliche Haus verlassen und dann auch noch das ganze Land. Das war unverzeihlich. Ich konnte ihm nicht sagen, wie sehr *ich* mich verlassen fühlte.

Kurz vor meiner geplanten Wien-Reise rief Liesl nachts an, um mir zu sagen, dass sie Peter nicht erreichen könne. Es war eine kalte Februarnacht, draußen lag Schnee, sie sei erkältet und würde gern bis zum nächsten Tag warten. Von einer bösen Ahnung getrieben, bestand ich darauf, der Sache sofort nachzugehen. Über die Balkontür stieg die Feuerwehr ein und fand die Wohnung leer.

Am nächsten Tag holte mich Liesl in aller Frühe vom Bahnhof ab und fuhr mit mir in die Siedlung meiner Kindheit und Jugend. Sie öffnete mit dem Schlüssel, den sie in der Nacht gefunden und an sich genommen hatte. Auf dem Couchtisch lagen zwei orangefarbene Kuverts mit den

Dokumenten von Mutter und Sohn und der griechischen Sterbeurkunde des Vaters. Auf dem dritten Umschlag stand »Vollmacht« und »sehr wichtig«. Das darin enthaltene Blatt teilte mit, dass eine plötzliche Wende in seinen Lebensumständen seine unverzügliche Auswanderung nach Übersee erfordere. Er verzichte auf jegliches weitere Wohnrecht in der Wohnung und bevollmächtige mich, seine Schwester, den Haushalt aufzulösen und über das Inventar nach meinem Gutdünken zu verfügen. Der Hinweis auf seine Auswanderung wurde schon allein dadurch widerlegt, dass sich die noch drei Wochen gültigen Reisepässe von Mutter und Sohn in den Kuverts befanden.

Er hatte alles geregelt, in den Schubladen seines Schreibtisches fand ich nichts Persönliches, nur Kugelschreiber, ein Radiergummi, einen Bleistiftspitzer, Notizzettel und unbenutzte Zeichenblocks. Es war kalt in der Wohnung, er hatte kein Heizöl nachbestellt. Einmal klingelte das Telefon, schaurig klang das in der gruftartigen Stille. Nur den Kühlschrank hatte er nicht ausgeschaltet, das zurückgelassene Stück Butter und der Käse sollten nicht verderben. Auf dem Kühlschrank lag der Kassenzettel seines letzten Einkaufs bei »Merkur« auf der anderen Seite der Favoritenstraße. 152 Schilling und 10 Groschen hatte er ausgegeben: Toastbrot, Emmentaler, Maresi-Kaffeesahne, Philadelphia-Streichkäse, 268 Gramm lose Tomaten, 430 Gramm weiße Trauben, eine Fertigsuppe namens »Heiße Tasse«, eine Tafel Schokolade, Orangensaft »Happy Day« und die Tageszeitung *Kurier*.

Das muss seine letzte Mahlzeit gewesen sein. Den Müll mit der geleerten »Happy Day«-Packung hatte er noch hinuntergetragen. Schon als die Mutter immer schwächer wurde, hatte er den Müll nur nachts zum Coloniakübel getragen, weil er sich schämte, von den Nachbarn gesehen zu werden. Die »Heiße Tasse«, sagte Liesl, sei seit dem Tod der Mutter seine einzige warme Mahlzeit gewesen. Das Suppenpulver wird mit kochendem Wasser aufgegossen. Immer noch, wenn ich im Supermarktregal aus den Augenwinkeln die »Heiße Tasse« erblicke, spüre ich einen Kloß im Hals und schaue schnell weg.

Ich tat, wie mein Bruder mir aufgetragen, räumte die Wohnung aus, nahm, was ich behalten wollte, an mich und stopfte alles andere mit einer kaum zu kontrollierenden Wut in schwarze Müllsäcke, die der Mann meiner Cousine irgendwann abholte. Behalten wollte ich einen Großteil von Peters Büchern, die einige Monate später als Beiladung in Berlin ankamen, und einige Arbeiten meiner Mutter, eine gehämmerte Silberschale, eine von ihr gelbschwarz bemalte Porzellandose, einige Schmuckstücke mit der unvermeidlichen Koralle und einige von ihr gewebte Wandteppiche.

Besonders am Herzen lagen mir die wenigen Schmuckstücke, die mir von meiner Mutter geblieben sind. Die Verschlüsse der Broschen waren verbesserungsbedürftig, ein besonders schönes Exemplar mit einem Blumenmuster fiel mir am Flughafen von Salzburg beim Einchecken von der Jacke. In den 1970er-Jahren hatte mir meine Mutter ihr gesamtes noch verbliebenes Silberschmiedewerkzeug und einen Arbeitstisch aus schwerem Holz geschenkt und mir die Grundbegriffe der Silberschmiedekunst beigebracht. In meinem Wiener WG-Zimmer hatte ich mir einen Gasauslass installieren lassen und meine rudimentären Kenntnisse in nicht ganz ausgereifte Schmuckstücke umgesetzt.

Manchmal denke ich, ein Handwerk dieser Art hätte mir mehr gelegen als das Schreiben. Die Arbeit mit Silberblech und Silberdraht erfüllte mich mit einer Begeisterung, die einem Gefühl absoluten Glücks nahekam. Beim Verlöten von Einzelteilen mithilfe von Lötzinn und Flussmittel vergaß ich, zu essen und zur Toilette zu gehen. Das Zerfließen des Lötzinns, das zwei winzige Bestandteile zu einem einzigen verschmolz, war für mich jedes Mal von Neuem ein Wunder. Eine Zeit lang verdiente ich mir ein Zubrot, indem ich Frauen- und Lesbenzeichen als Silber-Anhänger an Halskettchen verkaufte.

Anderthalb Jahre nach dem Verschwinden meines Bruders erreichte mich in Los Angeles, wo ich mich beruflich aufhielt, eine Mail von meiner Cousine mit dem Betreff: »Nachricht von Peter«. Einen Augenblick lang schoss mir eine wilde Hoffnung durch den Kopf. Aber nein: Ein Wanderer hatte sein Skelett, dessen Kopf den Abhang hinuntergerollt war, in einem Wildschweingehege im Wienerwald gefunden. Unser Zahnarzt bestätigte anhand des Zahnschemas seine Identität. Er hatte Peters schlechte Zähne für ein geringeres Honorar, als ihm zugestanden hätte, behandelt, denn Peter hatte keine Krankenversicherung. Niemand, auch die Mutter nicht, konnte ihn dazu überreden, sich versichern zu lassen. »Ich werde nicht alt«, lautete sein Standardsatz. Er blieb für die Mutter ein unartiges Kind, dem sie nicht beikommen konnte.

In dem lilafarbenen Rucksack meines Bruders, den man im Wald bei den Knochen fand, waren eine rote Thermoskanne, die Tee mit Rum enthalten hatte, zwei Mineralwasserflaschen, eine leere Medikamentenschachtel, eine Wanderkarte, Peters Brille und die Reste eines Hundert-Schilling-Scheins. Nun hatte ich endlich Gewissheit, und wohlmeinende Menschen würden mich nicht mehr mit Geschichten von Männern behelligen, die eines Tages das

»Selbstmörder«

Haus verließen, um Zigaretten zu holen, und dann spurlos verschwanden.

Mein Bruder ist also erfroren. Nicht erschossen, wie eine seiner Zeichnungen fantasierte, ein kahlköpfiger Mann, dessen rechter Zeigefinger zu einem Pistolenlauf verlängert seinen Kopf an der Schläfe durchbohrt. Wie hätte er sich

»Eintritt verboten«

auch eine Pistole beschaffen sollen? Auch nicht erhängt wie der von ihm gezeichnete splitternackte Mann, der an einem Rundbogenfenster hängend den Schemel mit den Füßen weggestoßen hatte. Peter hat einen sanfteren Tod gewählt. Er trank etwas Alkohol, nahm Medikamente und schlief ein. So stellte ich es mir vor. Doch bevor es so weit war, muss es eine Weile gedauert haben, die Schlaftabletten wirken nicht sofort. Eine Kugel wäre schneller gewesen.

Wenn die Körpertemperatur auf 35 bis 32 Grad absinkt, wird das Kältezittern von Angstgefühlen begleitet. Selbst wenn der Kopf sterben will, klammert sich der Körper ans Leben. In letzter Minute, schrieb der österreichische Schriftsteller Jean Améry, der sich mit seinem Buch *Hand an sich legen* auf seinen eigenen Freitod vorbereitete, erwache eine »Zärtlichkeit zu etwas, das doch abzuschaf-fen man im Begriffe steht«.[1] Sinkt die Körpertemperatur auf 28 Grad, wird der Körper kraftlos. Zwischen 28 und 24 Grad verliert der Mensch das Bewusstsein, die Frequenz der Atmung und des Herzschlags sinkt, ebenso der Blut-druck. Bei einer Körpertemperatur von bis zu 15 Grad erstarren Muskeln und Gelenke. Bei unter 15 Grad ist die Herzmuskulatur so weit abgekühlt, dass der Herzstillstand eintritt.

Auf einem Schreibblock, den er nicht weggeworfen hat, stehen nur zwei Sätze, von denen ich nicht weiß, ob es Zitate sind oder Peters eigene Gedanken. Der zweite Eintrag fasst sein Leben zusammen: »Ein Bewusstsein, in welchem Veränderung nur über den Tod denkbar und vor-stellbar wird: Dabei wird der Akt der Tötung zur einzig möglichen konstruktiven Handlung, deren verändernde Kraft sie freilich allein dem Umstand verdankt, dass sie die letzte, sich selbst aufhebende ist.«

Mir bleibt nur die von Améry angesprochene Zärtlich-keit für meinen Bruder, die ich nie ausdrücken konnte, und die Hoffnung, dass es in seinem Leben vielleicht Augen-blicke gegeben hat, in denen auch er mir gegenüber Zärt-lichkeit empfand.

Von Hitler zur Jüdin gemacht

Meine Mutter, Irena Fischer, geborene Kaftal, genannt Irka, hat immer behauptet, erst Hitler habe sie zur Jüdin gemacht. Auf den ersten Blick stimmt das. Ihre wohlhabende Warschauer Familie, die seit Generationen in Polen lebte, war um Anpassung bemüht. Selbstverständlich sprach man ausschließlich Polnisch und distanzierte sich von den armen, Jiddisch sprechenden »Ostjuden«, die sich in Kleidung, Sprache, Religion und Verhalten allzu sehr von der Mehrheit der polnisch-christlichen Bevölkerung unterschieden.

Im Alter von vier Jahren hatte meine Mutter eine deutsche Gouvernante, das Fräulein Anna. Deutsche Fräuleins waren bei der jüdischen Bevölkerung beliebt, weil sie als sauber und anständig galten. Zur Zeit des Fräulein Anna, also zu Beginn des Ersten Weltkriegs, trugen Irka und ihre fünf Jahre ältere Schwester Ludwika, genannt Ludka, schwarze Kleider mit weißen Kragen, und ihr Haar war für den Fotografen mit riesigen Schleifen zusammengebunden.

In der Familie war man gebildet, vor allem meine Großmutter sprach mehrere Sprachen: Polnisch, Russisch (die Unterrichtssprache in der Zeit, als Polen von Russland besetzt war), Französisch und Deutsch. Sie hatte in Łódź eine Musikschule besucht und mit Auszeichnung maturiert, was in der damaligen Zeit für ein Mädchen selten war. Gern hätte sie Literatur studiert, aber ihre Eltern wollten sie

Die beiden Schwestern Ludka und Irka,
ca. 1915

möglichst bald unter die Haube bringen. Als eine der besten Schülerinnen ihrer Klasse bekam sie Jahr für Jahr einen russischen Klassiker geschenkt. Ihre Warschauer Bibliothek war voller Dostojewskijs, Tschechows und Tolstojs in russischer Sprache.

Meine Großmutter liebte aber vor allem die deutsche Literatur. Das Deutsch, in dem sie ihrem Schwiegersohn nach Wien schrieb, ist fehlerfrei. Sie mochte den gut aussehenden, charmanten Erich Fischer mit den himmelblauen Augen sehr, auch wenn sie einst ihre Tochter vor einer Heirat mit einem Nichtjuden gewarnt hatte. Früher oder später würde er sie als »dreckige Jüdin« beschimpfen, hatte sie gesagt. Mein Vater tat später so manches, das aber natürlich nie. Im Gegenteil, er bezeichnete sich gern als »Wahljuden«.

Ludka und Irka besuchten eine teure katholische Privatschule, die in jede Klasse nur vier oder fünf jüdische Schülerinnen aufnahm. Meine Mutter bezeichnete sie in

Die Schwestern in Sydney, 1983

einem Interview als »äußerst reaktionär und katholisch«.[1]
Sie war aber auch von historischer Bedeutung, weil sie die
erste polnische Schule nach dem Ersten Weltkrieg war. In
Kongresspolen gab es keine polnischen Schulen, und die
Unterrichtssprache war Russisch. In dieser katholischen
Schule wurde Irka auch nur deshalb zugelassen, weil ihre
ältere Schwester sie bereits besuchte und gewiss eine hervor-
ragende Schülerin war. Auch ihre beiden Cousinen Nina
und Lena gingen in diese Schule.

Niemals wäre es den Eltern in den Sinn gekommen,
ihre Kinder in eine jüdische Schule zu schicken, denn dort
hätten sie kein akzentfreies Polnisch gelernt, die wichtigste
Voraussetzung für ihre Anerkennung als waschechte Polinnen. Die Gründerin der Schule war einst von patriotischen
Juden finanziell großzügig unterstützt worden, was sie
allerdings nicht davon abhielt, schon bald eine inoffizielle
Quote für jüdische Mädchen einzuführen. Sicher betrach-

tete sie diese Maßnahme als Schutz vor »Überfremdung«, schließlich lebten in Polen drei Millionen Juden und Jüdinnen, die ein Zehntel der Bevölkerung ausmachten. Viele legten großen Wert auf Bildung, ein transportables Gut für den Fall einer Vertreibung, mit der Juden und Jüdinnen jederzeit rechnen mussten.

Im Alter von vierzehn Jahren wurde meiner Mutter der Zugang zu den Pfadfindern verwehrt, weil sie Jüdin war. Diesen Ausschluss erlebte sie als fürchterliche Kränkung, denn sie liebte es, auf Bäume und Berge zu klettern. Es war das erste Mal, dass sie Antisemitismus bewusst zu spüren bekam – also schon lange vor Hitler. Sie wurde gezwungen, sich als Jüdin zu identifizieren, auch wenn sie damit nichts Positives verband.

Trotz des Numerus clausus für jüdische Studierende an den Universitäten konnte Ludka Jura studieren. Und Janek, das jüngste Kind und Sohn des zweiten Ehemanns meiner Großmutter, nachdem der erste kurz nach der Geburt meiner Mutter gestorben war, studierte an der Technischen Hochschule von Warschau Maschinenbau. Bei pogromartigen Exzessen wurde er von seinen christlichen Kommilitonen mit Rasierklingen attackiert. Zuvor wollten rechtsextreme Studierende den jüdischen Kommilitonen untersagen, mit ihnen auf einer Bank zu sitzen, sie sollten auf den »Gettobänken« an der anderen Seite des Hörsaals Platz nehmen. Sie weigerten sich jedoch und blieben aus Protest während der Vorlesung stehen.

Die erste Frage, die man damals in Polen stellte, war: Bist du Jude oder nicht? Dieser Stimmung wollte meine Mutter durch ein Studium im Ausland entkommen. Etwa anderthalb Jahre an der Warschauer Akademie der Künste hatte sie schon hinter sich, hatte sich dort aber nicht wohl-

Mutter vor Beginn ihres Studiums in Wien, 1928

gefühlt. Nun träumte sie von Paris, der Stadt der Kunst, wo
die Mutter ihr das Studium jedoch nicht erlaubte. In Wien
gab es immerhin eine Tante, die ein Auge auf ihre rebel-
lische Tochter werfen konnte. Mit dem Geld, das sie von
ihrem verstorbenen Vater geerbt hatte, verließ meine Mutter 1930 Warschau und die modern eingerichtete, geräumige
Wohnung in der Beletage eines vierstöckigen Gebäudes in
der Chłodna-Straße mit einem gefliesten Badezimmer und
einer Gasheizung. Nach bestandener Aufnahmeprüfung
schrieb sie sich an der Wiener Kunstgewerbeschule ein, die
mit der dort angesiedelten Wiener Werkstätte einen hervorragenden Ruf besaß.

Was mir meine Mutter erst nach beharrlichem Nach-
fragen erzählte, war, dass ihre Eltern Mitglieder der Israe-
litischen Kultusgemeinde waren, Janek beschnitten war
und man Pessach feierte und die traditionellen Speisen aß –
Matze, Rindssuppe mit *knedlach*, *gefilte fish* und harte Eier.

Das Elternhaus meiner Mutter in Warschau, ul. Chłodna 20, im Jahr 2006

Was lächerlich war, schob meine Mutter hinterher, weil sie sonst immer Schweinefleisch gegessen hätten. Das jüdische Fest, so betonte sie, sei bloß ein Anlass gewesen, die ganze Verwandtschaft um einen Tisch zu versammeln, mit Religion habe es nichts zu tun gehabt.

Mittlerweile weiß ich, dass diese Haltung unter säkularen Juden weitverbreitet ist, den sogenannten Drei-Tage-Juden, die sich nur an den hohen Feiertagen ihres Judentums besinnen. Als eine ihrer Cousinen einen reichen Herrn heiratete, betrat meine Mutter zum ersten Mal in ihrem Leben eine Synagoge. In der gesamten weiteren Familie gab es nur einen einzigen Frommen. Mehrere Verwandte waren getauft. Für ihren Adoptivvater, einen Freidenker, kam eine solche Anpassung nicht infrage. Er und meine Mutter versuchten sogar einmal, aus der Kultusgemeinde auszutreten, sie wollten nicht mehr »mosaisch« sein, wie es im Abiturzeugnis meiner Mutter heißt. Doch ihr Brief wurde nie beantwortet.

*Meine Großmutter mit ihrer älteren Tochter Ludka
in Warschau, 1930er-Jahre*

Der Stiefvater meiner Mutter, Grzegorz Szczeczyński
(»aus Stettin«), hatte seit seinem zwölften Lebensjahr in der
Filzfabrik Landau & Weiler in Łódź gearbeitet und sich
allmählich hochgedient, bis er Leiter der Warschauer Gene-
ralvertretung wurde. Landau war Jude, Weiler Deutscher,
der dem Lehrling seine Sprache beibrachte. Szczeczyński
machte sich auch notdürftig mit dem Jiddischen vertraut,
damit er sich mit seinen Kunden verständigen konnte.

Alle Verwandten und Bekannten der Familie waren assi-
milierte Juden und Jüdinnen, die sich als »fortschrittlich«
verstanden. Manche hatten ein Geschäft, andere waren
in einer Firma angestellt, viele waren Ärzte und Rechts-
anwälte. Beamte durften Menschen mit jüdischer Religion
nicht sein. Auch die Schulfreundinnen meiner Mutter

waren allesamt Jüdinnen. Ihre engsten Vertrauten hießen Halina Blumental und Irka Oppenheim. Gesellschaftliche Berührungspunkte mit Christinnen gab es kaum, man lebte in einer abgeschlossenen Welt. »Die wollten doch von uns nichts wissen!«, rief meine Mutter aus, als ich sie fragte, ob die Familie auch katholische Freundinnen und Freunde hatte.

Auch später, als meine Mutter Bälle besuchte und Turniertänzerin wurde, war ihr gesamtes Umfeld jüdisch. Gemeinsam verbrachten sie die Sommerferien in den Beskiden und polnischen Karpaten. Die etwa zwei Dutzend jungen Leute nannten sich »Assimilatoren« und trafen sich vierzehntägig in einem Klublokal, das nicht nur einmal von Zionisten zertrümmert wurde. Als polnische Staatsbürger betrachteten sie es als ihre Pflicht, sich nicht von der Mehrheitsbevölkerung zu unterscheiden. In den Augen der Zionisten war das eine unerträgliche Anbiederung. »Ihr wollt Polinnen und Polen sein, aber die wollen euch doch nicht!« Im Nachhinein gab meine Mutter ihnen recht, den Zionismus lehnte sie jedoch weiterhin zeit ihres Lebens ab. Die Juden hätten in Palästina nichts zu suchen, sagte sie.

Als Studentin in Wien war meine Mutter außerordentlich isoliert und hatte keinen Kontakt zu österreichischen Mitstudierenden. Nie wurde sie zum Essen eingeladen. Für Polinnen und Polen, denen Gastfreundschaft heilig ist, ist ein solches Verhalten besonders befremdlich. Der Grund für ihre Isolation war jedoch nicht Antisemitismus, sondern Xenophobie, denn niemand wusste, dass die hübsche polnische Studentin Jüdin war. Dennoch schätzte meine Mutter die damals noch vorhandene Demokratie in Österreich, die sich maßgeblich von den Verhältnissen in Polen unterschied. Die Einzigen, mit denen sie sich in dieser Zeit

Meine Mutter bei einer Demo in Wien, 1934

anfreundete, waren Ausländerinnen. Mit einer litauischen
Kommilitonin teilte sie sich ein Zimmer im 9. Bezirk.

Erst als sie 1933 meinen Vater Emmerich Fischer kennenlernte, von allen stets Erich genannt, kam sie in sozialdemokratische und kommunistische Kreise und begann,
sich zusammen mit ihm politisch zu betätigen. Zuerst
engagierte sie sich in einer Gruppe im Bezirk Währing, wo
sie wohnte. Man wusste, wo die Menschen sonntags im
Wienerwald gern wanderten, und streute dort am Sams-
tagabend Flugblätter. Im Wienerwald gab es auch Zusam-
menkünfte, bei denen weitere politische Aktionen geplant
wurden. Ab 1935 arbeitete meine Mutter mit Erich in einer
Gewerkschaftszelle für die freie Gewerkschaftszeitung der
Schuhfabrik Bally. Er schrieb Artikel, sie zeichnete die
Titelblätter. Die Abziehmaschine stand im Keller eines

Irka und Emmerich Fischer

Wirtshauses, und die Zeitung wurde von den Arbeiterinnen und Arbeitern in der Fabrik verteilt.

Im Dezember 1935, als mein Vater in Irkas Währinger Wohnung übernachtete, wurden sie um sechs Uhr früh durch lautes Klopfen geweckt. Die Polizei stellte die Wohnung auf den Kopf, fand aber nichts Politisches. Nur die Silberarbeiten meiner Mutter, die sie in Schächtelchen hübsch verpackt für Weihnachten vorbereitet hatte, nahmen die Polizisten mit. Ihr Rechtsanwalt riet ihr, von einer Anzeige Abstand zu nehmen: Die Polizei stiehlt nicht!

Als Ausländerin erhielt meine Mutter eine dreimonatige Polizeistrafe ohne Gerichtsverfahren. Nach zehn Tagen Einzelhaft kam sie in eine große Zelle mit anderen politischen Häftlingen, darunter auch Nazis. Man führte zwar keine politischen Diskussionen, aber die Gesinnung zeigte sich auf andere Weise, erzählte sie: »Wenn jemand von uns ein Paket bekommen hat, dann haben wir das selbstverständlich geteilt. Die Nazis dagegen haben alles selbst aufgegessen.«[2]

Nach der Haft wurde meine Mutter nach Polen abgeschoben. Bevor sie entlassen wurde, durfte sie noch einmal am frühen Morgen mit Erich Fischer zusammentreffen. Bei diesem Treffen beschlossen die beiden zu heiraten, worüber sie vorher nie nachgedacht hatten. Aber nun war es notwendig geworden, damit meine Mutter Österreicherin werden konnte. Auch ihren späteren Schwiegervater konnte sie noch treffen und teilte ihm ihre Heiratspläne mit. In Deutschland draußen sei »das« doch verboten, bemerkte dieser darauf, ein Beispiel dafür, wie sich die Stimmung in Österreich allmählich veränderte.

Ein österreichischer Polizeibeamter, dessen Fahrkarte sie bezahlen musste, begleitete meine Mutter im Zug bis zur tschechischen Grenze. Schon bald begann er im *Völkischen Beobachter* zu lesen, einer Zeitung, die damals in Österreich noch verboten war. Vor der Grenze bot er meiner Mutter an, auszusteigen und nach Wien zurückzufahren. Die Polizei war bereits von Nazis durchsetzt, die dem österreichischen Staat gegenüber nicht mehr loyal waren. Meine Mutter jedoch hatte nur einen Wunsch: zu ihren Eltern nach Hause zu fahren, nach Warschau.

Mein Vater wurde nach der Polizeihaft ins Landesgericht überstellt und wegen Hochverrat, Geheimbündelei und weiterer drei Paragrafen angeklagt. Er kam jedoch nach sechs Monaten frei. Im Abkommen mit Hitler vom 11. Juli 1936 hatte sich die österreichische Regierung unter Kurt Schuschnigg verpflichtet, eine Amnestie für verhaftete österreichische Nationalsozialisten zu erlassen, die

dann auch für »Rote« wie meinen Vater galt, der so ebenfalls freikam. Unverzüglich reiste er Irka nach Polen nach,
und im September 1936 heirateten sie nach polnisch-ortho-
doxem Ritus, da es damals keine zivile Eheschließung gab.
Mit der Heirat erhielt meine Mutter die österreichische
Staatsbürgerschaft und durfte mit ihrem Ehemann nach
Österreich zurückkehren. Dieser war arbeitslos und hatte
wegen seiner Haft keinen Anspruch auf Arbeitslosenunter-
stützung, weshalb die beiden von dem leben mussten, was
ihnen der Vater meiner Mutter monatlich aus Polen über-
wies.

In Wien war es unterdessen nicht gemütlicher geworden.
Politisch betätigen konnte sich das Ehepaar nicht mehr,
denn beide standen unter Beobachtung. Deshalb wollten
sie nichts wie weg aus Österreich, aber wohin?

Nach dem Einmarsch der Wehrmacht am 13. März 1938
und dem »Anschluss« Österreichs an Nazideutschland mie-
den sie für ein paar Tage das Einküchenhaus, denn schon
in der ersten Nacht wurden einige Genossen und Genossinnen von der Hausbesorgerin denunziert und abgeholt, vor
allem Juden und Jüdinnen. Mehrere Tage und Nächte verbrachten Irka und Erich bei Freunden in anderen Bezirken
und kehrten heimlich in die Wohnung zurück, nachdem
sich die Lage einigermaßen beruhigt hatte.

Vor mir liegt ein Arbeitszeugnis vom 1. Juli 1938, aus-
gestellt vom Juwelier Berthold Medlinger aus der Alser-
straße 18. Wenn die Hausnummern heute noch dieselben
sind, dann war es ein prachtvolles Jugendstilgebäude.
Dem Medlinger hatte meine Mutter fünf Jahre lang kunst-
gewerblichen Silberschmuck geliefert. Er schreibt: »Diese
Broschen, Armbänder, Halsketten, Ringe u.s.w. konnten
infolge der guten Ausführung und originellen Entwürfe

auch an anspruchsvolle Kunden gut verkauft werden. Da bei Bestellungen von Schmuck dieser Art der individuelle Geschmack berücksichtigt werden muss, ist ihre Beherrschung des Materials in Verbindung mit handwerklicher Geschicklichkeit und eigenen Ideen mir immer eine große Hilfe gewesen und bedaure ich es sehr, von nun an ihre Mitarbeit entbehren zu müssen.«

Am 24. Oktober 1938 konnte meine Mutter endlich Wien verlassen, das Visum für Großbritannien in ihren Pass mit dem »J« gestempelt. Sie trug ein zweireihiges Maßkostüm mit breitem Revers und schräg auf dem Kopf ein Hütchen mit schmaler Krempe. Sie wollte gut aussehen bei ihrer Ankunft in England. Ihre Bluse war am Hals mit einer von ihr angefertigten Silberbrosche mit einer roten Koralle zusammengehalten. Rote Korallen waren das Markenzeichen ihrer Schmuckstücke, eine Erinnerung an ihre polnische Heimat. Ähnlich elegant angetan, hatte sie im Februar 1934 einen Koffer mit Flugblättern zu einem illegalen Treffen des Republikanischen Schutzbundes im Wiener Karl-Marx-Hof geschleppt und sich dabei sogar einige Straßen weit von einem Polizisten helfen lassen, der vom Anblick der hübschen Ausländerin entzückt war.

Erich und Irka hatten Österreich eigentlich schon im Sommer verlassen wollen, weshalb Medlinger sich im Juli von seiner Schmucklieferantin verabschiedete. Sie hatten geplant, gemeinsam nach Warschau zu reisen und von dort irgendwohin, vielleicht nach Australien, wohin auch die Schwester meiner Mutter auswandern wollte. Man brauchte dafür jedoch 200 Pfund Landing Money. In Wien war die Summe nicht aufzutreiben, meiner Mutter war alles gestohlen worden, und mein Vater hatte nach der Verhaftung seinen Posten bei der Gemeinde Wien verloren. In Warschau aber hätte Szczeczyński ihnen das Geld gegeben.

Doch nur mein Vater erhielt ein Visum für Polen. Meine Mutter, die gebürtige Polin, durch Heirat Österreicherin geworden, aber eben auch Jüdin, wurde vom polnischen Konsulat abgewiesen; obwohl ihr Vater sich verpflichtet hatte, sämtliche Kosten des Aufenthalts von Tochter und Schwiegersohn zu übernehmen. Also änderten sie ihren Plan und wollten über die Berge in die Schweiz flüchten. Doch die Vorbereitungen des Fluchthelfers flogen auf.

Die Angst um meinen Vater war groß. Im Falle des absehbaren Krieges würde er wegen seiner politischen Tätigkeit als einer der Ersten an die Front geschickt, befürchteten sie. Deshalb legten sie alles Geld zusammen, und mein Vater fuhr nach Jugoslawien, wo er in der Zeit seiner Arbeitslosigkeit als Reiseleiter gearbeitet hatte. Er sollte nicht mehr nach Wien zurückkehren und Irka ins sichere Ausland nachreisen, so war es geplant. Derweil klapperte meine Mutter in Wien wie alle verzweifelten Jüdinnen und Juden die Konsulate ab. Für die USA benötigte man ein Affidavit, eine Person, die für den Unterhalt garantierte. Und die Wartelisten waren lang.

Schließlich fand meine Mutter über eine Agentur eine Stelle in England als Zimmermädchen bei einer alten Dame. Von zwei Uhr früh bis zwei Uhr nachmittags stand sie in der Schlange vor dem britischen Konsulat in der Wallnerstraße, flankiert von brüllenden und prügelnden SS-Männern. Zu guter Letzt hatte sie alle Dokumente beieinander: das polizeiliche Führungszeugnis, die steuerliche Unbedenklichkeitsbescheinigung von der Zentralstelle für jüdische Auswanderung, das amtsärztliche Zeugnis, das bescheinigte, dass sie gut sehe und höre und keine Sym-

Housemaid & Butler, 1939

ptome von Lues, Tuberkulose, Malaria, Lepra, Trachom
oder einer sonstigen ansteckenden Krankheit zeige. Auch
Anzeichen von Geistesstörungen oder Geistesschwäche
seien keine vorhanden. Frei von Rauschgiftsucht, chro-
nischem Alkoholismus und Epilepsie spreche nichts gegen
ihre Arbeitsaufnahme in England.

Drei Tage vor ihrer Abreise klingelte es an der Tür. Meiner Mutter stockte das Herz: Jetzt, wo ich alle Unterlagen
beisammenhabe, holen sie mich ab, dachte sie. Aber dann
war es nicht die Gestapo, sondern mein Vater. Er habe es
in Jugoslawien nicht mehr ausgehalten, in Belgrad habe
die Polizei begonnen, sich für ihn zu interessieren, also
habe er sich zur Rückreise entschieden. Glücklicherweise
gelang es ihm schon am nächsten Tag, seinen Pass wieder-
zubekommen, den er bei der Einreise nach Österreich (nun-

mehr »Ostmark«) bei der Polizei abgeben musste. »Warum wollen Sie auswandern?«, fragte ihn der schon ältere Polizeibeamte. »Ich habe eine jüdische Frau«, antwortete mein Vater. »Ach, das ist bedauerlich«, seufzte der Polizist und händigte ihm den Pass aus.

Auf diese Weise konnte meine Mutter am 24. Oktober beruhigt nach England aufbrechen, in der festen Absicht, sich in London um das Visum für ihren Erich zu kümmern. Das sollte jedoch nicht einfach sein, denn mein Vater war kein Jude und deshalb auch nicht direkt gefährdet.

Zwei Wochen später ereignete sich die sogenannte Reichskristallnacht, und als es dann an der Tür klopfte, war es tatsächlich die Gestapo.

Im Dezember 1938 traf mein Vater endlich mit einem Touristenvisum in London ein – und blieb. Zu Kriegsbeginn wurde beiden die Flüchtlingskategorie C zuerkannt – *refugees from Nazi oppression.*

Wie also konnte meine Mutter behaupten, erst Hitler habe sie zur Jüdin gemacht? Von Kindheit an hatte sie antisemitische Ausgrenzung erfahren. Und wohin sie auch flüchtete, der Antisemitismus war schon da – lange vor Hitler, und erst recht in Wien.

Vermutlich wollte sie einfach ein Mensch sein, eine Sozialistin, eine Kommunistin, die sich für soziale Gerechtigkeit einsetzte und daran glauben wollte, dass Antisemitismus und Misogynie in einer gerechten Gesellschaft von allein verschwinden würden. Welch ein Irrtum! Verübeln kann ich es ihr nicht. Auch nicht, dass sie ihre beiden Kinder vor Ausgrenzung schützen wollte, indem sie uns von allem Jüdischen fernhielt. Als sie und mein nichtjüdischer Vater nach Kriegsende in das von Nazis und

Antisemitismus verpestete Wien zurückkehrten, waren die jüdischen Menschen und deren Diasporakultur vernichtet. Allenfalls in den USA und dem gerade erst gegründeten Israel lebte sie unter den traumatisierten Menschen fort. Meine Mutter knüpfte einfach an die »Assimilatoren« an. Wir sollten leben wie alle anderen in Österreich, einschließlich Weihnachtsbaum und Geschenken am 24. Dezember.

Weihnachten war in meiner Kindheit ein besonderer Anlass, weniger wegen der Geschenke und dem Jesulein als wegen der Eier, die meine Mutter schon einige Wochen vor dem Fest für unseren Baum anfertigte. Und ich durfte mithelfen. Mit einem Röhrchen blies sie den Inhalt hinaus, den wir dann als Eierspeise zu uns nahmen. Dann malte sie unterschiedlich gefärbte Augen und Münder auf die Eier und machte ihnen Haare aus Wolle, mal blond, mal rot, mal schwarz gekräuselt, je nachdem welche Farbe die Eier hatten. Und zu den Haaren passend Mützchen und Hütchen. Wie durch ein Wunder erblühten aus banalen Eiern Menschengesichter aus aller Welt: Prinzessinnen mit Silberhaar und mit Lippenstift gemalten roten Bäckchen, blasse Mädchen aus dem hohen Norden mit blonden Zöpfen, Afrikanerinnen aus braunen Eiern mit langen Wimpern, Mexikaner mit schwarzen Schnurrbärten und natürlich Father Christmas mit Wattebart und roter Kapuze.

Ich passte gut auf. Jahrzehnte später, als Massimos Enkel mit seinen Eltern Weihnachten bei uns verbrachte, erinnerte ich mich. Auf dem Markt am Maybachufer kaufte ich in türkischen Läden bunte Stoffe und goldglänzende Litzen und bemalte und kleidete für unseren Weihnachtsbaum weiße, cremefarbene und braune Eier. Neben Fantasiefiguren entstanden auch bekannte Persönlichkeiten wie Frida Kahlo und Angela Davis samt Brille und Haarkranz. Ich war glücklich wie schon lange nicht mehr. Mit jedem fertigen Ei lief ich wie ein Kind stolz zu Massimo ins Zimmer, um ihm meine Kreation zu zeigen, fotografierte sie und stellte die Fotos auf Facebook.

Als Teenager stürzte mich Weihnachten in eine zutiefst deprimierte Stimmung. Ich konnte die bunten Lichter in der Kärntner Straße und den hektischen Konsumdruck inmitten des heuchlerischen Gedudels in den Warenhäusern nicht ertragen. Traurig und einsam strich ich durch die Stadt und fragte mich, wie ich dem allen entrinnen konnte. Doch es gab kein Entkommen, ich musste es ertragen, bis es wieder vorbei war. Meiner Familie untersagte ich, einen Weihnachtsbaum zu kaufen.

Statt des Christkinds gab es in meiner Kindheit also verkleidete Eier und, schon allein weil niemand von uns singen konnte, keine Weihnachtslieder. Wir kannten sie auch nicht. Fremdenhass, Antisemitismus und Rassismus, die damals in Österreich noch mehr grassierten als heute und auch nicht verpönt waren, gab es in unserem Haus selbstredend nicht. So wurden wir liberal erzogen, und dafür bin ich unseren Eltern dankbar.

Auch wenn immer etwas ausgelassen wurde. Denn wie konnten wir Kinder die tragische Geschichte meiner Mutter und ihrer Familie übersehen? Was war mit den polnischen Großeltern geschehen? Wir wussten es irgendwie, auch wenn die Mutter nie darüber sprach. Und immer wieder brach der Hass auf die Nazis aus ihr heraus. Als ich ihr von einer Äußerung einer Mitschülerin in der Volksschule berichtete, deren Mutter gesagt hatte, Hitler habe auch sein Gutes gehabt, schäumte meine Mutter vor Wut. Warum habe ich ihr gerade das erzählt?

Ich musste geahnt haben, dass es etwas mit uns zu tun hatte. Erst später erfuhr ich, dass meine Mutter in Wien ein Jahr lang mit keinem Menschen außerhalb der Familie gesprochen hatte, weil sie in jedem einen Nazi vermutete. Kam sie doch einmal mit jemandem ins Gespräch, wurde ihr sogleich beteuert, dass man von »alldem« nichts gewusst habe. Ihr begegnete auch der Neid auf die Emigranten, die es im Ausland gut gehabt hätten, während die Menschen in Wien unter Bomben und Hunger litten. Als sie später im Leben auf meinen Rat Anschluss an eine Gruppe der Grauen Panther suchte, sprang sie rasch wieder ab. Das sind ja alles Braune, klagte sie.

Das Jüdische, weswegen mein Bruder und ich eine andere Biografie hatten als die meisten österreichischen Kinder, geboren in einem fremden Land, aufgewachsen mit einer fremden Sprache und ohne Großeltern, dieses Jüdische ließ sich also nicht ganz unterdrücken. Auch das Schweigen war bei uns ein anderes als das Schweigen in den Täterfamilien. Und die Wohnungseinrichtung: Während manche Schulfreundinnen aus bürgerlichen Verhältnissen umgeben von geerbten Möbeln aufwuchsen und ihre Eltern ein Porzellanservice mit einer Suppenterrine besaßen, war bei uns alles modern, weil der Großteil der Einrichtung und des Geschirrs nach der Rückkehr aus der Emigration neu angeschafft werden musste. Gerade das fanden meine Schulfreundinnen interessant, das Moderne bei uns.

Als wir heranwuchsen, drängte das eher geahnte als gewusste Jüdische mit aller Macht an die Oberfläche. Zuerst als Angst. Angst, das Wort auszusprechen. Ob bewusst oder nicht, das Wort »Jude« beschwor obszöne Bilder herauf: geldgierig, schlüpfrig, schmierig, geil, listig, stinkend. All das steckte noch Jahrzehnte nach der Nazizeit in diesem Wort und wurde deshalb vermieden. Auch von mir. »Das Wort Jude belebt Erinnerungstopographien, die in sich obszöne Klischees vermischen mit antisemitischer Schuld«, schreibt die Journalistin Viola Roggenkamp. »Heute, nach der Schoah, birgt die empfundene Obszönität des Wortes Jude zudem die Angst vor der Täterschaft an den Juden.«[3]

Dann kam die Scham. Die Scham darüber, so wenig über unsere Herkunft zu wissen. Die Scham, mit dem Christentum vertrauter zu sein als mit dem Judentum, vermittelt über die Kunst in den Museen und Kirchen, die ich häufig ohne Scheu zur inneren Einkehr aufsuchte. In Synagogen, wenn denn überhaupt vorhanden und besuchbar, trauten wir uns nicht. Ich verwende den Plural, weil ich annehme, dass es meinem Bruder ähnlich ging, auch wenn ich nie mit ihm darüber gesprochen habe. Sehr wohl weiß ich aber, dass er sich für die jiddische Sprache interessierte und sich – zum Entsetzen unserer Mutter – sogar ein Lehrbuch kaufte.

Ich weiß auch, dass er eine besondere Schwäche für die jüdischen Polinnen hatte, die uns ab und zu besuchten. Mit Gleichmut und Charme ertrug er das Gekreisch von Dosia, der Trauzeugin unserer Mutter mit der großen Hakennase, die ab und zu aus Polen anreiste. Während ich mich mürrisch verkroch, sobald die Polinnen in unsere kleine Wohnung einfielen, gab er den perfekten Sohn, und die Damen liebten ihn. Den letzten gemeinsamen Urlaub in den 1990er-Jahren verbrachte mein Bruder mit der Mutter in New York. Peter war begeistert. Während die Mutter sich im Hotel ausruhte, wanderte er auf den Spuren der jüdischen Emigranten durch die Megastadt. Aus dem Telefonbuch schrieb er sich die Namen und Telefonnummern von Leuten heraus, die den Mädchennamen der Mutter trugen: Kaftal. Dass er sie anrief, ist ausgeschlossen.

Wie erging es ihm wohl in den 1980er-Jahren, als linke Juden und Jüdinnen anfingen, in ihre Familiengeschichten einzutauchen? Manche wandten sich sogar der Religion zu. Zitternd vor Nervosität, sprach ich nach dem Tod meiner Mutter im kleinen Andachtsraum der Neuen Synagoge in der Oranienburger Straße das Kaddisch, das aramäische Gebet zum Gedenken an die Verstorbene, wenn auch nur ein einziges Mal und nicht jede Woche ein Jahr hindurch, wie vorgeschrieben. Und ich tat es noch ein weiteres Mal in Wien bei der Einäscherung der sterblichen Überreste meines Bruders im Beisein meiner einigermaßen verwirrten österreichischen Verwandtschaft. Es war wie Pessach in der Warschauer Herkunftsfamilie meiner Mutter kein Bekenntnis zur Religion, sondern nur eine Geste der Zugehörigkeit, die mir guttat. Auch dass ich dem Grabstein meiner Mutter und meines Bruders auf dem Wiener Zentralfriedhof einen Davidstern verpasste, ob sie damit nun einverstanden gewesen wären oder nicht. Die Rituale trösten ja die Lebenden, den Toten kann es egal sein.

Bezeichnenderweise begann ich mich erst in Deutschland für meine jüdische Herkunft zu interessieren. Die Fremde bot mir mehr Sicherheit, mich der Verfolgungsgeschichte meiner Vorfahren anzunähern. In Deutschland war man auch bei der Aufarbeitung der Vergangenheit weiter als in Österreich. Aber diffuse Gefühle gab es schon viel früher, eine Sensibilität für Rassismus und Ausgrenzung. Schon als Kind identifizierte ich mich mit dem antikolonialen Befreiungskampf in Kenia. Keine zehn Jahre war ich alt, als ich in dem Fotomagazin *Picture Post*, das uns ein Freund meines Vaters regelmäßig aus England zuschickte, einen Artikel über die kenianische Befreiungsbewegung Mau-Mau las. Und auch die Schilderungen ihrer angeblich blutrünstigen Rituale trugen nicht dazu bei, mich von der Solidarität mit ihrem Anliegen abzubringen.

Als Kenia 1963 unabhängig wurde, hatten wir zu Hause Grund zu feiern. Seit meiner Kindheit sehnte ich mich nach dem afrikanischen Kontinent. Anfang der 1980er-Jahre besuchte ich einen Freund in Mosambik, der dort Entwicklungshelfer war. Ich hatte das Gefühl, als würde ich heimkommen, obwohl das bettelarme, erst kurz zuvor unabhängig gewordene und vom Bürgerkrieg zerrissene Land so gar nichts mit meinen bunten Afrikaträumen zu tun hatte. Erklären kann ich es nicht.

Ich erinnere mich auch an einen Vorfall im Frauencafé in Wien. Ein Jugoslawe, den man damals »Gastarbeiter« nannte, kam nichts ahnend herein, um ein Bier zu trinken. Die Überheblichkeit, mit der er von den Frauen verscheucht wurde, ließ mich die Seite wechseln. Augenblicklich identifizierte ich mich mit dem fremden Mann und nicht mit dem »Wir« der Frauen, die in diesem Fall die rassifizierte Dominanzkultur repräsentierten. Meine Scham darüber saß so tief, dass sie bis zum heutigen Tag brennt.

Für das Reisen, die Sehnsucht nach der Fremde, hatten mich die Eltern sensibilisiert. Österreich, das Land, aus dem meine Eltern geflohen waren, war trotz meiner österreichischen Staatsangehörigkeit nicht meine Heimat. Schon früh wusste ich, dass wir hier nur geduldet waren. »Heimat, Familie, Religion, festgefügte Geschlechterrollen, Geborgenheit – nichts davon habe ich je erfahren«, schrieb ich 2003. »Ich lebe im Dauerexil von all dem, was traditionellerweise eine gefestigte Existenz umreißt. Das Fehlen einer solchen Sicherheit und Selbstgewissheit ist meine stabilste Identität. Sie entfaltet ihren Duft auf Reisen. Im Niemandsland gibt es weder Einsamkeit noch Fremdheit, nur Freiheit.«[4]

»Fremd zu sein, weckt Wendigkeit und Geistesschärfe«, schreibt Olga Tokarczuk in ihrem Roman *Die Jakobsbücher*. »Wer fremd ist, gewinnt einen neuen Standpunkt, er wird, ob er will oder nicht, ein wahrer Weiser. Wer hat uns eingeredet, dass es gut und trefflich sei, stets und ständig dazuzugehören? Nur der Fremde versteht die Welt.«[5]

In der Pubertät wurde England, mein Geburtsland, dessen Staatsbürgerschaft und dazugehörigen Pass ich immer noch wie einen kostbaren Schatz hüte, zu meinem Sehnsuchtsort. Wären meine Eltern dort geblieben, wäre alles anders gekommen, bildete ich mir ein. Ich wäre zugehörig, ununterscheidbar, eingebunden. Auch mein Bruder war dieser Meinung und warf der Mutter vor, dem Vater 1948 nach Österreich gefolgt zu sein. Auch sie beteuerte, in England bestimmt glücklicher gewesen zu sein. Dass es auch dort Antisemitismus gab und gibt, wollten wir nicht wahrnehmen.

Nach antisemitischen Ausfällen an der Universität im Jahr 1965 setzte ich mich nach England ab. Warum mich Antisemitismus und Rechtsradikalismus an der Uni damals so sehr berührten, ahnte ich mehr, als ich es begriff. Ich teilte meiner Familie mit, nie mehr wiederkommen zu wollen, und meine Mutter stand tränenüberströmt am Bahnhof. Als ich dann in Cambridge im prunkvollen Haus eines jüdischen Freundes mit goldenen Wasserhähnen in aller Unschuld Schweinefleisch als unsere bevorzugte Speise in Wien nannte, breitete sich eisiges Schweigen aus. Selbstredend wurde ich nie wieder eingeladen. Ein Jahr später hatte mich Wien wieder.

Die Geschichte von *Aimée & Jaguar* kam zu einer Zeit auf mich zu, als ich nach der Wende tastend dabei war, mich als Jüdin zu begreifen. Die Auseinandersetzung mit dem Leben der Familie Schragenheim, der Familie der Protagonistin »Jaguar«, die in vielem dem Umfeld meiner Großeltern ähnelte, wies mir den Weg in meine eigene Familiengeschichte. Von da an ließen mich das Jüdische und der tragische Verlauf des 20. Jahrhunderts nicht mehr los. In öffentlichen Diskussionen über *Aimée & Jaguar* lernte ich, offensiv damit umzugehen und mich als Jüdin zu erkennen zu geben. Es folgten weitere Bücher, die das Jüdische zum Thema hatten, nicht zuletzt meine eigene Familienbiografie. Im Alter von über fünfzig Jahren war ich angekommen.

Berlin war mir behilflich. Hier lernte ich Jüdinnen und Juden kennen, mit denen ich Pessach feierte, berichtete für den Hörfunk über eine Konferenz jüdischer Feministinnen in Jerusalem, besuchte ein jüdisches Gruppentreffen von Angehörigen der zweiten Generation, schrieb Filmkritiken für das Jüdische Filmfestival, besuchte eine Bar-Mizwa-Feier, ging mehrmals an den hohen Feiertagen mit Freundinnen in die Synagoge, lernte sogar zwei Semester an der Jüdischen Volkshochschule Hebräisch und hatte nicht zuletzt eine jüdische Therapeutin. Doch es war eine vorübergehende Phase, denn weder der Religion noch der Tradition konnte ich letztlich etwas abgewinnen. Das Zerstörte ließ sich nicht zurückholen.

Aber dennoch: In Israel, wo ich in den 1970er-Jahren eine Bekannte meiner Mutter in Haifa besuchte, geriet ich in eine Pessach-Feier, bei der mir schlagartig bewusst wurde, dass ich trotz meines nichtjüdischen Vaters in einem jüdischen Haushalt aufgewachsen war: die Lautstärke der Gespräche, das Durcheinander, das gegenseitige Unterbrechen, das Fehlen von Manierlichkeit, die Mehrsprachig-keit.

Meinen Schulfreundinnen gefiel das, weil es bei uns immer lebendiger zuging als bei ihnen zu Hause. Seit Haifa weiß ich, dass mein Jüdischsein vor allem eine kulturelle Vertrautheit mit jüdischen Menschen ist, mit denen ich mich mühelos verständigen kann, wo immer auf der Welt wir einander begegnen. Natürlich ist es auch die Schoah, die uns verbindet, besonders die Juden und Jüdinnen meiner Generation. Wir alle haben einander Geschichten von Verlust, Trauer und Verfolgung zu erzählen, und sie hören nicht auf, uns zu interessieren und zu plagen.

Habe ich selbst Antisemitismus erlebt? Keinen, der sich gegen mich persönlich gerichtet hätte. Aber antisemi-tische Äußerungen gab es schon. Wenn zum Beispiel eine Feministin, mit der ich mich in den 1970er-Jahren in Wien über eine mögliche Finanzierung unseres Frauenzentrums unterhielt, vorschlug, wir sollten uns an einen Juden wen-den. »Wieso an einen Juden?«, fragte ich entgeistert. Und sie schwieg, wohl wissend, dass sie einen Fauxpas begangen hatte. Auch ich schwieg, aber ich kann den Vorfall nicht vergessen, zumal gerade sie sich in späteren Jahren zu einer glühenden Philosemitin entwickelt hat. Sie identifiziert sich so sehr mit allem Jüdischen, dass sie sogar die Chuzpe hat, mit einem gespielten jiddischen Akzent jüdische Witze zu erzählen. Was mich peinlich berührt.

Noch weiter gehen oft die Konvertiten. Sie begnügen sich nicht damit, einfach ihrer neuen Religion nachzu-gehen, sondern werden mit Vorliebe Rabbinerinnen und Rabbiner oder übernehmen in den Jüdischen Gemeinden führende Positionen.

Den Philosemitismus kann ich schlecht ertragen, insbesondere wenn das deutsche Schuldgefühl an eine unreflektierte Einstellung gegenüber Israel gekoppelt ist. Antonia Grunenberg nennt es die »Lust an der Schuld«.[6] Jede Kritik an den Handlungen des Staates Israels, egal, wie brutal er gegen die palästinensische Bevölkerung vorgeht, auch gegen jene, die die israelische Staatsbürgerschaft besitzen, wird als israelbezogener Antisemitismus verdammt. »Die einzigartigen Beziehungen zwischen Deutschland und Israel sind ein Grundpfeiler der deutschen Außenpolitik«, heißt es im Auswärtigen Amt.

Im Mai 2019 verständigte sich der Bundestag fraktionsübergreifend darauf, keine Organisationen und Projekte mit öffentlichen Geldern zu fördern, die »dem Hass auf Juden Vorschub leisten und das Existenzrecht Israels infrage stellen«. Eine Mehrheit der Abgeordneten forderte die Bundesregierung dazu auf, Veranstaltungen der BDS-Bewegung (Boykott, Divestment and Sanctions), die zum Boykott israelischer Waren, Dienstleistungen, Künstler, Wissenschaftlerinnen und Sportler aufruft, nicht mit Bundesmitteln zu fördern. Das Gleiche gilt für Gruppierungen, die die Ziele der BDS-Bewegung unterstützen.

Seither wurden Referenten ausgeladen, Preise an Künstlerinnen zurückgezogen (wie etwa der Nelly-Sachs-Preis der Stadt Dortmund, den die britisch-pakistanische Schriftstellerin Kamila Shamsie hätte bekommen sollen) und die Vermietung von Räumlichkeiten für Veranstaltungen verweigert, bei denen Kritik an Israel erwartet wurde. Ein einzigartiges Vorgehen gegen eine zivilgesellschaftliche Bewegung, das an die McCarthy-Zeit in den USA erinnert.

Als eine, die sich aktiv in der internationalen Boykott-Bewegung gegen das Apartheid-Regime in Südafrika engagiert hat, kann ich eine so drastische vom Staat getragene Maßnahme nicht nachvollziehen. Aber auch damals war ich nicht damit einverstanden, Künstlerinnen, Wissenschaftler und Sportler unabhängig von ihrer politischen Haltung in den Boykott einzubeziehen, wie es heute die BDS-Bewegung tut. Denn gerade die Zusammenarbeit mit kritischen Stimmen, sei es im damaligen Südafrika, sei es im heutigen Israel, ist der beste Weg, den Druck zu erhöhen.

Dennoch richtet sich die BDS-Bewegung in meinen Augen gegen ein ungerechtes System, das eine Bevölkerungsgruppe in unerträglicher Weise benachteiligt und unvereinbar ist mit meinem Verständnis eines humanistischen Judentums. Eben weil meine Vorfahren verfolgt wurden, sehe ich es als meine Pflicht, die Ausgrenzung anderer zu verurteilen, insbesondere wenn sie im Namen des Judentums erfolgt.

Iris Hefets, die in Berlin-Neukölln arbeitende israelische Psychologin und ehemalige Vorsitzende des Vereins »Jüdische Stimme für einen gerechten Frieden in Nahost«, sagte bei einer internen Veranstaltung: »Viele ängstliche Deutsche, mit enormer Hilfe und Unterstützung der israelischen politischen Klasse, brauchen eine Projektionsfläche für ihre Ängste vor sich selbst. Sie haben die Illusion, dass, wenn man die Boykott-Kampagne bekämpft, man dann gegen den ›Nazi-Opa‹ Widerstand und gleichzeitig für brutale deutsche Verbrechen an den Juden Wiedergutmachung leistet. Sie versuchen siebzig Jahre zu spät ›die Juden‹ zu retten, indem sie ›Israel‹, wie sie es sich vorstellen, retten.«

Iris Hefets stammt aus einer jüdischen Familie, die 1492 aus Spanien flüchtete, weil sie sich nicht konvertieren lassen wollte. Es sei ein wesentlicher Teil ihrer Identität. Sie lasse sich von Vorbildern wie Nelson Mandela, Desmond Tutu, Judith Butler und Angela Davis inspirieren. Diese Personen sind auch meine Vorbilder.

Als die Jury den Göttinger Friedenspreis 2019 an den Verein »Jüdische Stimme für einen gerechten Frieden in Nahost« vergab, löste das bundesweit heftige Reaktionen aus: Der Verein, in dem auch ich Mitglied bin, sympathisiert mit der BDS-Kampagne. Aus diesem Grund ließen die Stadt und die Universität Göttingen die Preisverleihung nicht in ihren Räumen stattfinden. Als »antisemitisch« kritisierte der Zentralrat der Juden den Verein, dem ausschließlich Jüdinnen und Juden angehören, überwiegend Israeli, die ihr Land gut kennen.

In ihrer Dankesrede mit dem Titel »Nicht in unserem Namen« sagte Iris Hefets am 9. März 2019 unter anderem: »Die neue deutsche Identität konsolidiert sich als ›nicht antisemitisch‹, auch durch Verschiebung des christlichen Antisemitismus auf eine muslimische Minderheit. Man kann so die deutsche Vergangenheit als überwunden betrachten und von den NSU-Morden, NPD, Pegida, Legida und AfD absehen.« Die von einigen Medien betriebene Berichterstattung mache die Juden zu ewigen Opfern und Palästinenser beziehungsweise »Araber« zu Tätern, die Christen zu Rettern der Juden. Noch das Furchtbare, schrieb Hannah Arendt in *Menschen in finsteren Zeiten*, würden die Deutschen »ins Sentimentale verfälschen«.[7]

Die »Rettung der Juden« treibt seltsame Blüten. So hatte der Antisemitismus-Beauftragte der baden-württembergischen Landesregierung die abstruse Idee, Jiddisch als Minderheitensprache anzuerkennen, ähnlich dem Sorbischen, das immerhin noch von 7000 Menschen gesprochen wird und in Deutschland historisch verankert ist. Und der Bundesbeauftragte der letzten Regierung, Felix Klein, appellierte an »politisch eher links stehende Israelis«, also an solche wie Iris Hefets, sie mögen doch »eine gewisse Sensibilität für die historische deutsche Verantwortung haben«.

»Die intellektuelle Verkümmerung Deutschlands« durch die Vernichtung der deutsch-jüdischen Kultur, schreibt Antonia Grunenberg, »konnte nach dem Krieg nicht mehr aufgeholt werden. Sie ist noch in der dritten Generation zu spüren.« Man spüre den Mangel an Ironie und Satire. »Stattdessen entwickelte sich eine Kultur des Kleinmuts bzw. der ideologischen Borniertheit.«[8]

Im Jahr 2019 wurde der Cartoonistin Franziska Becker vom Journalistinnenbund (JB), dessen Mitglied ich ebenfalls bis vor Kurzem war, im Sommer die Hedwig-Dohm-Urkunde für ihr Lebenswerk verliehen, die auch ich zehn Jahre zuvor erhalten hatte. »Die Karikaturistin Franziska Becker ist eine der profiliertesten, journalistisch-feministisch engagierten und erfolgreichen Persönlichkeiten, die seit Jahrzehnten spitzfedrig und scharfzüngig das Mit-, Für- und Gegeneinander von Frauen und Männern genüsslich in Szene zu setzen weiß.« So hieß es in der Begründung.

Die Auszeichnung löste in den Medien eine Debatte aus, inwiefern Beckers Karikaturen in der Zeitschrift *Emma* rassistische und islamfeindliche Stereotype und Klischees reproduzierten. »Genüsslich in Szene gesetzt« werden von Becker auch muslimische Frauen, die stets als fanatisierte Hidschab-Trägerinnen dargestellt werden. So lässt eine muslimische Polizistin Dieben die Hand abhacken, unterbricht eine Richterin das Gerichtsverfahren, um zu beten, und lässt eine Betreuerin – natürlich im Hidschab – Kinder in der Kita mit Handgranaten und Waffen spielen.

Da ich seit vielen Jahren die *Emma* nicht mehr lese, wusste ich davon nichts und war entsetzt, als ich diese auf Twitter veröffentlichten Karikaturen sah. Der Journalistinnenbund wurde von den Angriffen kalt erwischt und eierte. Bei der Preisverleihung ging weder die Geehrte selbst noch die Laudatorin Thérèse Willer, die Direktorin des Tomi-Ungerer-Museums in Straßburg, auf die laufende Debatte ein. Sie taten so, als wäre nichts gewesen.

Der Journalistinnenbund versprach, sich mit der Problematik auseinanderzusetzen. Doch eine Veranstaltung in der Heinrich-Böll-Stiftung im November 2019 ließ nicht erkennen, dass die Kritik wirklich angekommen war. Auch online auf der Website des JB fand so gut wie keine Debatte statt. Zu beobachten war, wie Sabine Hark, Professorin an der TU Berlin, es ausdrückt, eine »*weiße* Unschuld«, das Privileg, über die anderen nichts wissen zu müssen. Zu meiner Überraschung musste ich bei nicht wenigen meiner JB-Kolleginnen einen eklatanten Mangel an Verständnis für marginalisierte Menschengruppen in unserer Gesellschaft feststellen. Ein Fall von Antisemitismus hätte gewiss – »ins Sentimentale verfälscht« – reflexartig Empörung ausgelöst. Die von jungen Feministinnen geführte Debatte um Intersektionalität, Diversität und Rassismus scheint an vielen – zumindest älteren – Mitgliedern des Journalistinnenbundes spurlos vorübergegangen zu sein.

Mein Blick auf die Politik Israels hat mich erneut einsam gemacht. Die wenigen jüdischen Freundinnen, die ich hatte, habe ich verloren. Der öffentliche Druck ist so gewaltig, dass ich es fast immer vorziehe, zu Israel den Mund zu halten. Ich will mich nicht, wie schon einmal geschehen, von einer evangelischen Politikwissenschaftlerin als Antisemitin bezeichnen lassen. Oder von einer Person, deren

Opa im Krieg eine jüdische Ukrainerin mit Genickschuss in die Grube befördert hat. Aber ich bin nicht stolz auf diese Feigheit.

Aus der Vertreibungs- und Emigrationserfahrung meiner Eltern zurückgeblieben ist mir ein Gefühl der Unzugehörigkeit, wie es die österreichische Filmemacherin Ruth Beckermann nennt. Ich war nie Teil eines dominanzkulturellen »Wir«. Das hat mich zwar oft einsam gemacht, meinen Blick auf die Verhältnisse jedoch geschärft und mir geholfen, mich als Teil eines globalen »Wir« zu begreifen. Inmitten der millionenfach Geflüchteten und Ausgewanderten sowie aller, die sich für eine bessere Welt einsetzen, bin ich keineswegs einsam.

Spät lieben gelernt

Bei einem Workshop für Jüdinnen und Juden der zweiten Generation fragte mich der niederländische Psychologe in der Gruppensitzung, von wem ich lieben gelernt habe. Mein Schweigen erschien mir endlos. Die Antwort, die ich schließlich fand, machte mich selbst perplex: »Ich habe nicht lieben gelernt.« Aber bestimmt haben mich meine Eltern geliebt! Ich war ein Wunschkind, das nach einer schlimmen Zeit geboren wurde und die Hoffnung auf eine bessere Zukunft verkörperte. Meine Mutter hat mir »das Leben geschenkt und gleichzeitig der Welt ein Geschenk gemacht«[1], auch wenn sie später rückblickend meinte, sie habe ihre Kinder »unnötigerweise« bekommen.

Doch damals liebte sie meinen Vater, ihren eben erst als *enemy alien* aus der Deportation ins australische Camp zurückgekehrten »Jungen«. Mit ihm wollte sie ein Kind. Das getrennte Leben, das sie zwischen dem 24. Juni 1940 und dem 2. Januar 1942 führen mussten, war schlimm gewesen für sie. Es war eine dramatische Zeit: Die »Dunera«, das Schiff, das Erich Fischer zusammen mit 2000 anderen Männern, überwiegend Juden und Kommunisten, von meiner Mutter weg und ans andere Ende der Welt beförderte, hätte torpediert werden und untergehen, sie selbst in London von einer deutschen Bombe getroffen werden können. Eben erst der Verfolgung in Österreich entkommen, wurden die beiden, die niemanden hatten als sich selbst, brutal auseinandergerissen. Mitten im Krieg.

Dabei war alles ganz anders geplant gewesen. Mein Vater hatte sich freiwillig zur Deportation gemeldet, weil ihm zugesichert worden war, dass er seine Frau würde nachholen können. In Australien, wo seit 1939 die Schwester meiner Mutter mit Mann und Sohn lebte, wollten meine Eltern ein neues Leben beginnen. Doch am Ende erschien den britischen Behörden die Verschiffung von Frauen und Kindern über die Weltmeere unter den herrschenden Kriegsbedingungen zu riskant.

Meine Mutter hatte ihre Koffer bereits gepackt und alles verkauft, was sie nicht mitnehmen konnte. Nun saß sie in London fest, wo der »Blitz« wütete, und konnte nichts tun, als Briefe schreiben, die monatelang unterwegs waren. Über ein Jahr später war Erich Fischer wieder zurück, wurde aber von den Engländern noch einmal einige Monate auf der Isle of Man interniert. Am 2. Januar 1942 konnte er seine Frau in St Albans endlich in die Arme schließen. Am 1. Januar 1943 wurde ich geboren.

Aus den Briefen, die zwischen London und später St Albans und dem Camp Hay im australischen Outback gewechselt wurden, geht eindeutig hervor, dass sowohl meine Mutter als auch mein Vater von einem Kind träumten. Ich war ein Kind der Liebe. Andererseits erfolgte meine Antwort auf die Frage des Psychologen spontan, sie muss also einen emotionalen Wahrheitsgehalt gehabt haben. Aus allem, was aus meiner frühen Kindheit an Dokumenten überlebt hat, war ich jedoch ein sehnsüchtig erwartetes und liebevoll umsorgtes Kind, das viel fotografiert, hübsch angezogen, intellektuell gefördert und, anders als mein Bruder, niemals geschlagen wurde. Reicht das nicht?

Julie Haddon
St Albans

26. Januar 1944

Ich war offenbar so niedlich, dass englische Passanten
vor lauter Entzücken Bananen und Schokolade in meinen
Kinderwagen legten. Darauf war meine Mutter noch stolz,
als ich schon längst nicht mehr niedlich war. In einem ihrer
Briefe nach Wien klagte sie, dass ihre kleine Tochter sie
herumkommandieren würde. Also muss ich auch selbstbewusst gewesen sein. Als Frauenrechtlerin, die meine Mutter war, hätte sie sich eigentlich darüber freuen müssen.

Aber ganz unverkennbar gab es in unserer Familie einen
Mangel an körperlicher Zuwendung. Immer noch spüre ich
einen Stich im Herzen, wenn ich Mütter sehe, die auch
ihre erwachsenen Töchter mit Wärme umhüllen, sie strei-
cheln, ihnen die Haare richten, sie liebevoll ansehen. Unter
den wenigen Erinnerungen an körperliche Nähe stechen
jene Augenblicke heraus, in denen meine Mutter für ein
neues Kleid Maß nahm an mir. Bei der Anprobe nestelte
sie an mir herum, um den richtigen Sitz für das halb fertige

Kleidungsstück zu finden. Mit ihren Fingern fuhr sie die Nähte entlang und steckte den Stoff, wo er zu weit war, mit Stecknadeln ab.

Ihre Hände an meinem Körper – wie angenehm war das und wie selten kam es vor. Vielleicht hatte auch meine Mutter keine körperliche Wärme von ihrer Mutter erfahren: Ihr Vater war kurz nach ihrer Geburt gestorben, meine Großmutter war vielleicht noch von Trauer überwältigt. Aber vielleicht gehörte sie auch einfach einer Generation an, in der es noch nicht üblich war, eine enge körperliche Beziehung zu den Kindern zu pflegen.

Die Stimme meiner Mutter war schneidend, was durch ihren harten polnischen Akzent noch verstärkt wurde. Sie war stolz auf ihre angebliche Härte, die wohl eher ein Panzer war, um sich vor Verletzung zu schützen. Und verletzt wurde sie ja ausreichend in ihrem Leben. Sie warnte mich, dass sie sich um ein Enkelkind nicht kümmern, und meinen Vater, dass sie ihn im Falle einer Krankheit im Alter nicht pflegen würde. Nicht von ihr gepflegt zu werden blieb ihm erspart, denn er starb überraschend auf einer Urlaubsreise. Meine Mutter nahm es gleichmütig hin, dass mein Bruder sich nach ihrem Tod das Leben nehmen würde. Die Zukunft der Welt war ihr egal. »Nach mir die Sintflut«, sagte sie.

Ich war gekränkt, dass ihr die Zukunft ihrer Kinder so wenig bedeutete. Aber auch mein gegenwärtiges Leben interessierte sie wenig. Ich schickte ihr aus Berlin Fotos meiner Wohnung und wünschte so sehr, dass sie an meinem Leben Anteil nahm. Sie hat nie darauf reagiert. Auch meine Artikel und Bücher, die ich ihr gleich nach Erscheinen zukommen ließ, hat sie kommentarlos zur Kenntnis genommen. Ihr gesamtes Denken schien nur noch um ihr eigenes elendes Selbst zu kreisen. Hatte ihr »verpfuschtes Leben«, wie sie es nannte, sie so hart und verschlossen gemacht, oder war die Kälte schon früher in ihrer Persönlichkeit angelegt?

Ich werde es nie erfahren. Die letzten Fotos von ihr, die mein Bruder als Filmrolle für mich zum Entwickeln zurückgelassen hatte, zeigen eine vom Cortison, das sie gegen ihr Asthma nehmen musste, aufgequollene Frau, die ich kaum noch als meine Mutter erkenne. Aus ihren Augen spricht eine so große Verzweiflung, dass es mir das Herz zerreißt. Mindestens dreißig Jahre ohne Berührung.

Und der Vater? Er war weicher und kümmerte sich um meine politische und kulturelle Bildung. Vieles, was ich heute denke, habe ich von ihm. Aber war er auch warm? Ich weiß es nicht. Wie damals üblich, war er überwiegend abwesend. Für den Alltag, die Kleidung, das Essen, den Körper, den Museumsbesuch, die Planung des Urlaubs war die Mutter zuständig. So kam es, dass ich mich mein Leben

Letztes Foto der Mutter auf einer Filmrolle,
die mein Bruder zurückgelassen hat

lang nur an ihr abgearbeitet habe. Freundinnen haben beobachtet, dass mein Vater in meinen Erzählungen nie vorkam, dass er in unserer Familie eine Art Schattendasein zu führen schien. Und in der Tat: Die dominierende Person war unüberhörbar die Mutter.

Irgendwann absentierte sich der Vater, pflegte vermutlich eine Liebschaft im Büro, fuhr allein in den Urlaub und hatte in den letzten Jahren vor seinem frühen Tod im Alter von Ende sechzig eine Fernliebe mit einer bezaubernden, ebenfalls verheirateten Dame aus einer Kleinstadt in der Nähe von Genf, die ich ihm von ganzem Herzen gönnte. Endlich erhielt er die Wärme, die ihm seine Ehefrau schon lange verwehrt hatte. Meine Mutter wusste davon und nahm es hin. Getrennt haben sie sich nie. Aus finanziellen

Gründen war das kaum möglich. Wovon hätte meine Mutter leben sollen? Diese materielle Abhängigkeit von meinem Vater muss maßgeblich zu ihrer Verbitterung beigetragen haben.

Aus meiner Kindheit in St Albans sind mir kleine Szenen mit meinem Vater in Erinnerung. Ich im Park bei der großen Abtei aus normannischer Zeit hoch oben auf den Schultern des Vaters. Unter mir die Schwäne im Teich. Ich mit ihm auf dem von hohen Büschen gesäumten unheimlich dunklen Pfad, der »Black Cut« genannt wurde. Aber ich hatte keine Angst, denn er war bei mir und hielt mich fest an der Hand. Und mein Vater, der mir vor dem Einschlafen gruselige Gespenstergeschichten erzählte, in denen verstorbene Fürsten dazu verdammt waren, Nacht für Nacht mit dem Kopf unter dem Arm durch ihre Burg zu streifen. Auch das machte mir keine Angst, denn das Bett war warm und seine Stimme weich und beruhigend.

Später, als ich ein Teenager in Wien war, fiel mir seine Unfähigkeit auf, mit meinen Verzweiflungsausbrüchen zurechtzukommen. Sie waren ihm peinlich. Hilflos zog er sich zurück und überließ mich der Mutter. Ich meinerseits konnte nicht verstehen, was es für den einst attraktiven Mann bedeutete, sich seinem Alter zu stellen. Als er grau zu werden begann, unternahm er einmal den Versuch, sich die Haare zu färben. Das Ergebnis war erbärmlich und hätte auch Mitgefühl bei mir auslösen können. Ich jedoch machte mich lustig. Dafür schäme ich mich heute. Er tat es nie wieder und fand sich mit seinen immer schütterer werdenden Haaren ab. Als sich bei ihm bald nach der Pensionierung Verwirrungserscheinungen zeigten, konnte ich damit nicht umgehen und behandelte ihn ebenso schlecht wie meine Mutter.

Mit meinem Vater, September 1943

Zu seiner letzten Urlaubsreise brachte ich ihn zum Bahnhof. Die Mutter hielt sich mit Peter in England auf. Mein Vater kramte hektisch nach seinem Pass, den er nicht finden konnte, und wirkte verloren und hilflos wie ein Kind. Ungeduldig herrschte ich ihn an, ich konnte meinen Vater so unbeholfen nicht ertragen. Und nicht wissen, dass ich ihn am Bahnhof zum letzten Mal sah. Er starb auf der Kreuzfahrt nach dem Abendessen an einem Herzinfarkt. Ich wurde von der Schifffahrtsgesellschaft telefonisch verständigt und musste Mutter und Bruder in London erst ausfindig machen.

Bald darauf besuchte ich die Geliebte meines Vaters in der französischen Schweiz. Er hatte mir vor seiner Abreise ihre Adresse aufgeschrieben, weil er wusste, dass ich eine Reise in ihre Gegend plante. Ich begriff, dass sie ihm sehr wichtig war, und schickte ihr gleich nach der Benachrichtigung von seinem Tod ein Telegramm. Das wenigstens tat ich für ihn. Suzanne war eine bezaubernde Dame, die mich sofort in ihr Herz schloss und mich so behandelte, wie ich gern von meiner Mutter behandelt worden wäre. Sie spielte mir eine Tonbandaufnahme von einem Gespräch mit meinem Vater vor, und ich hörte, was sie an ihm geliebt hatte. Er war charmant, geistreich, klug. Seine Stimme mit dem gepflegten Wiener Akzent war einschmeichelnd und stets von einem Lächeln unterlegt. So war er wohl in den 1930er-Jahren gewesen, als er im Milchzug von Tirol nach Wien, der an jedem Kuhdorf anhielt, um Milchkannen einzuladen, meine Mutter kennenlernte – die todschicke polnische Jüdin, die er mit seinen strahlend blauen Augen betörte. Vielleicht war er auch so, als ich in St Albans auf seinen Schultern ritt.

Ab meinen Teenagerjahren bedrückte mich ein Gefühl von Einsamkeit. Ich hatte zwar einige Schulfreundinnen, war aber nie in einer Clique, die miteinander etwas unternahm. Meine Sehnsucht nach Liebe wurde immer größer. In den Urlauben, anfangs noch mit Mutter und Vater, bald aber schon ohne den Vater, kam ich noch am ehesten mit jungen Männern in Kontakt.

Bei der ersten ernsthafteren Verliebtheit war ich fünfzehn, der Auserwählte ein Jugoslawe mit dicken schwarzen Locken von der kroatischen Insel Pag. Jahrelang schrieben wir einander. In seine Briefe legte er getrocknete Blumen und Gedichte von Heinrich Heine. Meinen ersten österreichischen Freund hatte ich im Jahr meiner Matura. Er mochte mich sehr, aber seine Liebe reichte mir nicht. Sex hatten wir keinen. Die Angst vor einer Schwan-

Mit David Nawi, 1964

gerschaft war zu groß, und zum Glück war er gläubiger Katholik.

Danach war ich nur noch mit Ausländern zusammen. Gemeinsam mit meiner Begeisterung für Fremdsprachen befriedigten sie meine Sehnsucht nach der Fremde. Es waren vorübergehende Begegnungen mit Männern, die ich auf internationalen Konferenzen kennenlernte, für die ich als Hostess oder Übersetzerin arbeitete. Österreich war kein Ort, an dem ich sein wollte. Dieses Gefühl der Heimatlosigkeit hatte ich von meiner Mutter übernommen, die sich niemals damit abfand, in Österreich leben zu müssen. Aber offensichtlich konnte oder wollte ich mich auch nicht binden. Während ich mich nach der Geborgenheit einer »wahren Liebe« sehnte, suchte ich mir stets Lover aus, die schon nach wenigen Tagen wieder aus meinem Leben verschwanden, oder aber solche, bei denen eine beständige Beziehung von vornherein ausgeschlossen war.

David war Amerikaner und mit einem Fulbright-Stipendium nach Wien gekommen. Seine jüdischen Eltern waren aus Bagdad in die USA ausgewandert. Ich war zwanzig und er der Erste, mit dem ich Sex hatte. Ich vertraute ihm vollkommen. Prompt wurde ich schwanger und trieb ab, was damals noch illegal war. David, bereits in die USA zurückgekehrt, leerte sein Sparschwein und schickte mir einen Scheck. Mit meiner Mutter habe ich nicht darüber gesprochen. Ich war mir unsicher, wie sie reagieren würde, auch wenn sie selbst mindestens einmal abgetrieben hatte und als Frauenrechtlerin gegen ein Verbot des Schwangerschaftsabbruchs war. Aber mit meiner Mutter über etwas zu sprechen, das mit meiner Sexualität zu tun hatte, war mir peinlich. Ich zog es vor, die Angelegenheit mithilfe von zwei Schulfreundinnen allein durchzustehen. Angenehm war es nicht.

Danach war endlich die Antibabypille verfügbar, Anovlar von Schering. Sie erleichterte mir meinen Lebensstil. David wurde später Umweltanwalt in Kalifornien, heiratete und bekam zwei Töchter. 2005 trafen wir uns in Los Angeles wieder, eine Zufallsbegegnung nach vierzig Jahren, die mich überwältigte. Nun war er geschieden und zutiefst depressiv, sein Körper unentschieden zwischen missgelauntem Jugendlichen und Greis, die Schultern gebeugt, die Arme spindeldürr. Über seinen Haaren und Augenbrauen lag ein Grauschleier, das schwarze Licht in den Augen war erloschen. Doch er hatte dieselben Hände wie damals, die feingliedrigen Finger und Zehen, dieselbe heisere Stimme, dasselbe verlegene Lächeln, das weder Ja sagt noch Nein.

Mai 1964

Die alte Liebe loderte erneut auf, und ich wollte ihn unbedingt retten. Dass er Jude war, war nun für mich von überragender Bedeutung. Plötzlich war da ein Grauen, wenn ich an Deutschland dachte. Ich wollte bei ihm bleiben, bei dem Amerikaner, dem Juden, dem Vater meines ungeborenen Kindes. Ich war im wahrsten Sinn außer mir. Nach meiner Rückkehr nach Deutschland verlor ich mich in einer Depression, fast so, als wollte ich mit ihm verschmelzen. Jetzt ist er wahrscheinlich tot. Sein E-Mail-Account ist stillgelegt.

Renato war dreißig Jahre älter als ich, verheiratet, mit zwei Töchtern in meinem Alter. Aus heutiger Sicht war es wohl so, dass er seine Autorität als mein Professor an der Uni missbrauchte, um mich zu verführen. Bestimmt ist er schon tot. Er verschwand aus meinem Leben, als meine

1967

Mutter ihm die Leviten las. Sie konnte es nicht mehr mit ansehen, wie unglücklich ich war, wenn er nicht anrief. Und für einen damaligen Italiener war die Mutter heilig. Ein Schulfreund meines Bruders behauptete, sie habe selbst ein Auge auf ihn geworfen.

Lorenzo aus Vicenza hatte Eltern, die ihn gut verheiraten und von einem ausländischen Mädchen, das sich unstet in der Welt herumtrieb, nichts wissen wollten. Und heiraten wollte ich ohnehin nicht. Er tat es schließlich, gründete eine Familie und wurde ein angesehener Universitätsprofessor. Als ich ihn 2014 anschrieb, weil ich mich auf einer Urlaubsreise in der Nähe seiner Universität aufhielt, antwortete er nicht.

Die Nacht im Hotel Bristol mit einem älteren Ungarn mit von Gitanes-Zigaretten zerkratzten Stimmbändern ist

Mit meinem Bruder, 1968

mir unvergesslich geblieben. Ebenso die mit einem Schauspieler, für dessen Truppe auf Gastspiel im Theater an der Wien ich übersetzte. Als meine Kollegin und ich mit den Afroamerikanern den Concordia-Ball im Wiener Rathaus besuchten, waren wir die Sensation des Abends. Ich war ungeheuer stolz. Und irgendwann schrieb mir ein Franzose namens André eine Mail, und aus dem Dunkel der Vergangenheit tauchte die Erinnerung an eine kurzfristige Verliebtheit auf, Mitte der Sechzigerjahre in Cambridge. Auch er wurde Universitätsprofessor und schrieb viele Bücher über englische Literatur.

So ging es dahin. Sie gründeten Familien, und ich blieb allein. Sie machten Karriere, und ich blieb am Rande, freiberuflich, marginal, finanziell immer am Existenzminimum.

1970er-Jahre

Diese Periode der Libertinage fand statt, als ich noch keine fünfundzwanzig war. 1968 änderte sich vieles. Nach einer kurzen Phase in einem fensterlosen Zimmer, in das ich zu Bekannten geflüchtet war, weil ich es bei den Eltern nicht mehr aushielt, und einer Liaison mit Hamid, einem schönen Mann aus Sierra Leone, hatte ich endlich eine kleine Genossenschaftswohnung, verdiente mein eigenes Geld und wurde erwachsen. Mit Gerhard, einem Österreicher, ging ich eine stabilere Verbindung ein, jedoch immer noch ohne Interesse an einer Familiengründung. Aber immerhin wurde ich geliebt, und eine Zeit lang konnte ich diese Zuneigung erwidern. Später lebten wir zusammen in einer Wohngemeinschaft, waren politisch umtriebig, und dann brach auch noch der Feminismus über uns herein. Treu waren wir einander nicht, es waren die frühen 1970er-Jahre, und man experimentierte. Eifersucht galt uns als bürgerliches Besitzstreben, gegen das wir wacker anzukämpfen versuchten.

In den Sommermonaten arbeiteten Gerhard und ich als Tour Manager für eine amerikanische Reiseagentur. Je nach Route holten wir unsere amerikanischen Gäste in London oder Paris ab und begleiteten sie mit dem Bus durch Europa. Meistens durchfuhren wir in zwei Wochen sieben Länder, die damals zur Verwirrung der Amerikanerinnen und Amerikaner auch noch jeweils ihre eigenen Währungen hatten. Meine Aufgabe war es, während der Fahrt über das jeweilige Land zu informieren, alle anfallenden Probleme zu lösen und nicht im Reiseprogramm vorgesehene Ausflüge und Einkaufsbesuche in Geschäften zu organisieren, wofür es für den Fahrer und mich eine Provision gab. In den einzelnen Städten übernahmen Local Guides.

Mit den Provisionen und dem Trinkgeld, das wir uns am Ende der Reise erbetteln mussten, verdienten wir genug, um über den Winter zu kommen. Gerhard ging der Job leichter von der Hand. Ich musste, um den Tag zu überstehen, schon vor dem Frühstück eine halbe Valium-Tablette nehmen, was dazu führte, dass ich zum Ärger des Fahrers während der Fahrt immer wieder einnickte vor Müdigkeit. Mein Lieblingsland war damals Italien. Sobald wir die italienische Grenze passiert hatten, stieg meine Laune. Allerdings erzählte ich den amerikanischen Gästen in herzzerreißender Naivität, was für eine tolle Kommunistische Partei das Land hatte, was diese gewiss nicht freute.

Die Mehrzahl der Reiseteilnehmer waren Frauen, die schon bei der Ankunft in Europa enttäuscht waren, von einer Frau in Empfang genommen zu werden, die noch dazu keinen BH trug. *If It's Tuesday, This Must Be Belgium* hieß eine Komödie, die 1969 in die Kinos kam und in der ein Reiseleiter mit einer jungen Frau aus der Gruppe eine Romanze hat. Das konnte ich nicht bieten. Wie ich diese Reisen überstand, ist mir bis heute ein Rätsel, es half eben nur das Valium. In meiner Zeit als Reiseleiterin lernte ich, Dinge zu tun, die mir zutiefst zuwider waren.

Nach einigen Jahren einer gewissen Stabilität, in denen vor allem der feministische Aktivismus mein Leben beherrschte, begann mit zunehmendem Alter eine neuerliche Phase des inneren Aufruhrs. Beim Aufräumen meines Büros finde ich 2022 einen vergessenen mit »Diverse Korrespondenz« beschrifteten Ordner. Alle Männer, mit denen ich seit Ende der 1970er-Jahre liiert gewesen war, hatten mich verlassen. Alle. Auch die Frau, mit der ich etwa ein Jahr lang eine geheime, in meiner Erinnerung glückliche Beziehung hatte, eine brillante Radiojournalistin. Jetzt muss ich erkennen, dass sie nicht so glücklich war, wie ich vermutet hatte.

»Ich habe Angst vor deinen Forderungen«, schrieb sie mir. »Ich habe immer das Gefühl, du willst Unendliches, was immer man tut, ist ungenügend, zu wenig. Ich bin unfähig, deine Traurigkeit zu stillen. Irgendwas ist dir immer zu wenig, fehlt dir, kann ich nicht leisten.« Der Brief ist schmerzhaft für mich, erklärt mir aber eine Menge über die unerfüllbaren Ansprüche, die ich an die Liebe gestellt habe. »Ich wehre mich dagegen, dass du ein Recht auf mich haben solltest«, schrieb sie, »ich ertrage die Zusammenstöße, die klärenden Gespräche nicht.« Ich bin schockiert. Was habe ich ihr nur angetan, die immer nur gut zu mir war? Auch sie heiratete und bekam zwei Kinder.

Von dem elf Jahre jüngeren Kurt mit seinen großen grünbraunen Augen, der sanften Stimme und den schul-

1978

terlangen blonden Haaren war ich entzückt. Die Liebe hielt eine Weile, und quälende zwei Jahre dauerte die Trennung. Zum Abschied besprühte ich seinen geliebten Kleinwagen mit lila Farbe. Er nahm es hin und schenkte mir sein eben erschienenes Buch mit der Widmung »Es tut mir leid«. Er heiratete, gründete eine Familie und wurde ein erfolgreicher Fernsehjournalist.

Michael, der schrullige Intellektuelle mit dem fransigen Bart, auch er Journalist, ließ während unseres gemeinsamen Jahres eine Vasektomie vornehmen und war der Einzige, der keine Familie gründete. Unsere Beziehung war wie ein Fußballspiel: eins zu null für mich. Er klagte, ich würde ihn nicht ausreichend lieben, bestand so lange auf einer ausschließlichen Beziehung, bis ich nachgab und ihn tatsächlich zu lieben begann. Dann verließ er mich, plötzlich, sprach von Machtkampf und Flucht. Eins zu null für ihn. Ich stürzte in einen Abgrund. Wenn ich heute meine nicht abgeschickten Briefe an ihn lese, bin ich fassungslos über die Intensität meiner Verzweiflung, die so gar nicht in Einklang zu bringen ist mit meiner Erinnerung an eine nicht weiter wichtige Beziehung. Doch verlassen zu werden löste in mir Todesangst aus. Michael ist an Alzheimer gestorben. Sein Verstand, den ich damals bewunderte und der mich so sehr einschüchterte, hat ihm nicht geholfen.

Eduard, ein Deutscher, den ich auf einer Konferenz kennenlernte, bei der ich als Dolmetscherin arbeitete, lud mich ein, mit ihm den Urlaub bei Freunden auf Kreta zu verbringen. Schon am zweiten Tag wurden ihm meine Anhänglichkeit und Bedürftigkeit zu viel. Bis zu meinem Rückflug fuhr ich allein mit einer gemieteten Vespa durchs Land. Buchstäblich stumm. Ich hatte die Stimme verloren und fand sie erst wieder, als ich nach Wien zurückgekehrt war.

So verging die Zeit, und ich wurde älter. In meinen Briefen an Freundinnen und Freunde im Ausland kommt oft das Wort »Panzerung« vor. »Solange ich allein bin, kann mir wenigstens nichts passieren«, schrieb ich im Juni 1983 an einen Freund. Ich war vierzig, und es ging mir nicht gut. Ich schrieb ein Buch mit dem Titel *Jenseits der Träume. Frauen um Vierzig.*[2] Darin merkte ich über Michael an: »Wir können die Rollenteilung nicht überwinden. [...] Ich rede über Gefühle, er über die Weltlage. [...] Seine blechernen Worte ziehen an mir vorüber, und ich fühle mich leer. [...] Wie schwer es ist, ein vernünftiges Mittelmaß zu finden, eine Liebe, die auf der ›gegenseitigen Anerkennung zweier Freiheiten‹ beruht, wie es sich Simone de Beauvoir in *Das andere Geschlecht* erträumte. Unsere zwei Freiheiten

1984 in Madagaskar

sind ungleich. Können wir einander unter solchen Bedingungen lieben?«[3]

Ein Freund aus Graz schien sich in meinem Text wiedererkannt zu haben und schrieb mir: »Mir hat vor meiner distanzierten und dozierenden Sprache gegraust. Leer, tot, ängstlich versteckend. Wie tief das sitzt!« Viele von uns waren aufgewühlt damals, Frauen ebenso wie Männer. Wir waren auf der Suche nach einem neuen Verhältnis zwischen den Geschlechtern und scheiterten fast immer. So gut wie alle Männer, die ich mir aussuchte, hatten große Probleme mit Nähe. »Je näher ich ihm gekommen bin, desto weiter hat er sich von mir entfernt«, notierte ich über Michael. Und ich schrieb über die schicksalhafte Verbindung von Liebe und Leid.

»Überall heiraten die Leute, rücken zusammen gegen die Kälte und lassen mir immer weniger Raum«, klagte ich Mitte der Achtzigerjahre in einem Brief an Vincent, einen

englischen Freund. Ich hatte ihn in Maputo, der Haupt-
stadt Mosambiks, kennengelernt. Und ein Jahr darauf:
»Immer noch warte ich auf die wahre Liebe, die sich eines
Tages einstellen wird.«

Und dann kam sie tatsächlich, die »wahre Liebe«. Dem
charismatischen Komponisten Martin konnte ich mich
nicht entziehen. Von ihm und seiner Bassstimme ging eine
unwiderstehliche Faszination aus. Da gab's überhaupt kein
Nein, obwohl mein Körper Warnsignale ausschickte: Mir
blieb die Luft weg, das Asthma kehrte zurück. Ich wusste,
dass von ihm im wahrsten Sinn des Wortes eine tödliche
Gefahr ausging: Seine frühere Frau und bald darauf deren
Freundin hatten sich das Leben genommen, wofür er sich
mitverantwortlich fühlte. Mit mir jedoch, der Feministin,
würde alles anders sein, versicherte er mir, und ich wollte
so sehr daran glauben. Im Februar 1987 heirateten wir und
bretterten am 1. Januar 1988 über die leer gefegte Autobahn
von Wien nach Köln.

»Weil ich glaube, den Mann gefunden zu haben, der
mir hilft, die Leere der patriarchalen Finsternis zu füllen«, schrieb ich in unserer Hochzeitsanzeige. Er könne
sein »Bekenntnis zur Ernsthaftigkeit nur anachronistisch
ausdrücken«, verkündete er, »es ist ein Versprechen, eine
egalitäre Beziehung zu leben, Verantwortung zu übernehmen und aktive männliche Zurücknahme zu üben, wissend,
dass diese Gesellschaft die Geschlechterdifferenz leugnet,
um im Namen der Gleichheit die Herrschaft der Männer
aufrechtzuerhalten«.

Er gefiel sich als Feminist und nahm meinen Namen
an. Seinen Vaternamen habe er sich nicht ausgesucht, mich
jedoch schon, begründete er seinen Schritt, der bei seinen
Künstlerfreunden Verständnislosigkeit und Aggressivität

auslöste. Mir leuchtete das ein, und ich war stolz auf ihn. Die Freiheit, die ich meistens genossen hatte, war manchmal auch bedrückend gewesen. Niemanden zu haben, um den ich mich kümmern musste, immer nur um mich selbst zu kreisen, war traurig. Nun hatte ich mich entschieden, und auch ich war bereit, Verantwortung zu übernehmen.

Ich muss immer noch schlucken, wenn ich seine Worte lese. Tatsächlich dachte ich, dass einer, der *mich* heiratet, es ernst meinen *müsse*. Doch Martin entpuppte sich als die allerschlechteste Wahl. Später bezeichnete er sich als »beziehungsunfähig«, hatte aber zum Zeitpunkt unserer Heirat bestimmt den festen Willen, mit mir alt zu werden, wie er es mir versprach. Auch wenn er, als ich mich allzu sehr mit meinen Gästen befasste anstatt mit ihm, wortlos unser Hochzeitsfest verließ und nicht mehr zurückkam. Damals war ich aber so verliebt in seine Schrulligkeit, dass mir diese eigentlich unfassbare Ungehörigkeit nichts ausmachte.

Nach wenigen Jahren, in denen ich endlich eine Weile durchatmen und mich in Köln in der Zweisamkeit ausruhen konnte, war ich in eine lebensbedrohliche Abhängigkeit geschlittert, die zur tiefsten Krise meines krisenreichen Lebens führte. Der Krieg in Ex-Jugoslawien bestürzte uns beide. Während ich ein Buch über ein deutsch-bosnisches Projekt für vergewaltigte und kriegstraumatisierte Frauen schrieb, stürzte er sich mit Haut und Haar in die Flüchtlingsarbeit und war für mich nicht mehr erreichbar. Im Sommer 1994, nunmehr über fünfzig, flüchtete ich von Köln nach Berlin, in die Stadt, die mich rettete. Ich beauftragte eine befreundete Anwältin, dem Noch-Ehemann meinen Wunsch nach Scheidung mitzuteilen. Seine mir übermittelte Reaktion war absurd. Er zuckte mit den Achseln und sagte: »Das ist eigentlich nicht mein Wunsch, aber

wenn sie das möchte – bitte schön.« Im November war es
so weit. Bei der Notarin verschraubte er seine Sitzhaltung
so, dass er mich nicht ansehen musste. Seither haben wir
nie wieder miteinander gesprochen.

Die vierzehn Jahre Beziehungslosigkeit, die folgten,
waren heilsam. Meine Therapeutin half mir, mich mit meiner Familiengeschichte zu befassen, und allmählich wurde
mir so manches klar. Die Männer, die ich liebte, sollten den
Mangel an Zuwendung und Wärme in meiner Kindheit
kompensieren, doch was ich von ihnen erwartete, konnten
sie nicht leisten. Und ich suchte mir auch immer wieder
solche aus, die ähnlich gestrickt waren wie ich selbst. Das
konnte nicht gut gehen. Mit Martin klappte es katastro-
phal schlecht. Die Loslösung von ihm erfolgte in einem
Meer von Tränen. Es dauerte lange, bis ich die Scherben
meines zerbrochenen Selbstwertgefühls wieder zusammen-
setzen konnte.

1994 erschien mein Buch *Aimée & Jaguar*. Ich reiste zu
unzähligen Lesungen durchs Land und gab ein Interview
nach dem anderen. Das Interesse an meiner Arbeit inmitten meines persönlichen Desasters half mir, den Kopf aus
der Schlinge zu befreien. Allmählich begann ich, mein an
Anerkennung und Freundschaften reiches Leben zu genießen und mich auf ein zufriedenes Alter einzustellen. Die
erotischen Sehnsüchte, die mich zunehmend umtrieben, als
ich mein fünfzigstes Lebensjahrzehnt hinter mir ließ, suchten jetzt nicht mehr Liebe, sondern nur noch körperliche
Nähe. Haut.

Ab und zu konnte ich diese mithilfe des Internets finden. Häufig reichten auch Leonard Cohen und ein Joint.
Nunmehr eine »alte Schachtel«, lernte ich, meinen altern-
den Körper anzunehmen, mich ohne Scham zu zeigen. Die

Männer, die ich traf, waren überwiegend jünger, die älteren interessierten sich nicht für eine Gleichaltrige. Mit den Jungen, die mich eine Zeit lang begehrten, lernte ich, das Geschenk der Sexualität zu genießen, ohne den Augenblick zu überschätzen.

Als junge Frau musste ich nach dem Orgasmus häufig weinen. Es war ein Gefühl der Überwältigung angesichts des Kontrollverlusts und der Verflüssigung des Körpers, wohl wissend, dass dieser flüchtige Augenblick meine Einsamkeit nicht aufheben würde. Als ich gelernt hatte, den Sex als das zu genießen, was er war – als vorübergehende Wärme und Intimität –, weinte ich nicht mehr. Und »behielt meinen Kopf oben«. Ich wusste nun, dass das, was mir im Leben widerfahren war, keine Schicksalsschläge waren, sondern von mir selbst herbeigeführt war, wenn auch unwissentlich. Diese Einsicht hat mir zu einer inneren Freiheit verholfen.

Und dann kam Massimo. Von ihm erwartete ich nicht mehr die Wiedergutmachung der Versäumnisse meiner Mutter. Ich war beglückt, im Alter von 65 Jahren einem fast gleichaltrigen Mann begegnet zu sein, mit dem ich mich auch wegen des erstaunlich ähnlichen Familienhintergrunds auf Anhieb verstand, der obendrein gut aussah, vor keiner Hausarbeit zurückschreckte, mich begehrte (und ich ihn), entschlossen war, sein Leben mit mir zu teilen, und mit dem ich Italienisch sprechen konnte. Zwei Monate lang schrieben wir einander ausführliche E-Mails. Als wir uns endlich im Café Einstein trafen, wussten wir schon so viel voneinander, dass wir fast »barrierefrei« in eine Beziehung schlitterten. Dass wir uns an jenem 21. Januar 2008 zum ersten Mal auch physisch gegenübersaßen, war nur noch nebensächlich.

Mit Massimo Cortini, Berlin 2009

Es dauerte nicht lange, bis er Neapel hinter sich ließ und Berlin zu seinem Lebensmittelpunkt machte. Hier sind wir beide »Fremde« und fühlen uns wohl damit. Aber bis es so weit war, stritten wir, was das Zeug hält. Die hartnäckigste Auseinandersetzung bezog sich auf die Griffe unserer Ikea-Küche, die wir anschafften, als wir zusammenzogen. Es ist nicht einfach, in unserem Alter zwei unterschiedliche Lebenserfahrungen zusammenzufügen. Aber weder er noch ich sind davongelaufen.

Massimo tut vor allem eins: Er spricht. Während mein Vater in meiner Kindheit nach einem Streit manchmal wochenlang kein Wort mit mir gewechselt hat und meine Mutter als Vermittlerin intervenieren musste, als die Stimmung im Haus nicht mehr auszuhalten war, und viele meiner späteren Lover sich ähnlich verhielten wie mein Vater, bin in der Beziehung mit Massimo ich diejenige, die zum Schweigen neigt. Er aber hält mein Schweigen keinen einzigen Tag aus und zwingt mich zu sprechen. Dafür bin ich ihm unendlich dankbar.

Jetzt also eine Altersliebe. Manchmal fehlt mir die Glut, die »Ungeduld des Herzens«, die für mich immer auch Lebendigkeit bedeutet hat, wie schmerzhaft sie auch ausfiel. Manchmal streiten wir immer noch, und eine Stichflamme lodert auf. Einen Augenblick lang sieht es so aus, als wäre alles zu Ende. Aber dann ist es wieder gut. Meistens genieße ich die Ruhe, nach der ich mich ein Leben lang gesehnt habe. Es ist eine angstfreie Liebe auf der Grundlage gegenseitigen Vertrauens, die mir einen Zugang zu mir selbst eröffnet.

Die Liebe zu einem Kind habe ich nicht kennengelernt. Sie hat gewiss etwas Unbedingteres als die nicht selten vergängliche Liebe zu einer erwachsenen Person. Ich habe sie mir nicht zugetraut. Vielleicht eben doch, weil ich nicht lieben gelernt habe. Oder zu spät. Jetzt freue ich mich, miterleben zu dürfen, wie Massimo seine erwachsenen Kinder und seine Enkelkinder liebt. Ich sehe aber auch, was für Sorgen er sich macht, wenn sie Probleme haben. Dann stehe ich gelassen abseits und denke mir, dass Familienlosigkeit auch ihre Vorteile hat.

Todesarten

»In Würde leben oder sterben«, riefen die jungen Menschen auf den Straßen von Aleppo in der erschütternden Dokumentation *Für Sama* der syrischen Journalistin Waad Al-Kateab. »Unsere Toten sind im Paradies«, riefen sie. Aber daran muss man erst einmal glauben. Wer das nicht tut, lebt vielleicht doch lieber ohne Würde als gar nicht. Ich kann es nicht wissen, denn ich genieße das Glück, in Würde leben zu können. Nur wer in Würde lebt, kann sich vielleicht die Angst vor dem Tod leisten. Es waren überwiegend junge Menschen, die in Syrien bereit waren, für ihre Heimat zu sterben: »Das ist unser Weg. Er ist lang und voller Gefahr. Doch am Ende wartet die Freiheit auf uns«, riefen sie. Wer weiß, wie viele von ihnen diese Freiheit erleben werden.

Von der Seite der Lebenden aus betrachtet, erscheint es wohl besser, für ein hehres Ziel wie die Freiheit zu sterben. Ob es im Augenblick des Todes aber nicht letztendlich doch egal ist, wissen wir nicht. Die Einschätzung als »sinnlosen« oder »sinnvollen« Tod treffen die Lebenden; so wie es in Aleppo sehr lebendige junge Menschen waren, die behaupteten, bereit zu sein, für die Freiheit zu sterben.

Die Journalistin mit dem Pseudonym Waad Al-Kateab und ihr Mann Hamza haben am Ende die Freiheit des britischen Exils gewählt. Dort sind sie zwar fern der Heimat, aber mit ihren beiden Töchtern am Leben. Ich wünsche

Meine polnisch-jüdischen Großeltern
Regina und Grzegorz Szczeczyński, 1938

ihnen ein langes Leben und dass sie eines Tages in ein freies
Syrien zurückkehren können.

In meiner Familie gab es verschiedene Todesarten. Für
die Freiheit ist niemand gestorben. Mein Bruder ist wohl
in Würde gestorben, denn er hat sich selbst für seinen Tod
und die Todesart entschieden, während ihm sein Leben
wohl als würdelos erschien. Meine Eltern sind beide eines
natürlichen Todes gestorben, die Mutter, weil sie alt war,
der Vater an einem Herzinfarkt, zu jung, doch ein langes
Siechtum blieb ihm erspart.

Ohne Würde sind meine polnischen Großeltern gestorben, gedemütigt und entwürdigt bis zum letzten Augenblick. Ich habe sie nicht gekannt, aber von Fotos weiß ich,

wie sie ausgesehen haben. Ich denke oft an den schrecklichen Tod dieser beiden bürgerlichen Menschen und an
all die vielen kleinen Schritte ihrer Entwürdigung, die diesem vorangingen. In Würde gelebt hatten sie schon einige
Zeit vor ihrem Tod nicht mehr. Erst stahl man ihnen in
Warschau die Wohnungseinrichtung, dann vertrieb man
sie aus ihrer Wohnung in eine Behausung im Getto, das die
Deutschen »Jüdischer Wohnbezirk« nannten. Hier wurde
es mit der Zeit immer voller, überfüllt. Dann mauerte man
sie dort ein, und ab dem 1. Dezember 1940 mussten alle
am rechten Arm eine weiße Armbinde mit einem blauen
Davidstern tragen. Die Großmutter erkrankte an Typhus
und erholte sich wieder.

Die Familie *Szczeczyński* war nicht die ärmste im Getto,
denn vor allem die Schwiegertochter hatte Geld, um auf
dem Schwarzmarkt zu horrenden Preisen Lebensmittel zu
kaufen. Doch am Ende nützte meinen Großeltern auch
das Geld nicht. Obwohl sie schon sechzig Jahre alt waren,
arbeiteten sie in einer Fabrik, die Uniformen für die Deutschen herstellte. Es bestand die illusorische Hoffnung, dass
man jene, die Arbeit hatten, verschonen würde. Doch für
die Deutschen war es umso praktischer. So konnten sie die
Menschen direkt von der Fabrik abholen.

Im Zuge der sogenannten Großen Aktion pferchte man
die Großeltern mitten im Hochsommer in einen Vieh-
waggon, der sie in den 100 Kilometer nordöstlich von Warschau gelegenen Ort Treblinka brachte. Dort gab es sofort
weitere Entwürdigungen: Entkleiden – Männer rechts,
Frauen und Kinder links – und die Abgabe von allem, was
sie zum Überleben mitgebracht hatten – Geld, Schmuck,
Brillen, Armbanduhren, Eheringe und bestimmt auch
Lebensmittel. Den Frauen stahl man auch noch ihr Haar.

Danach im Laufschritt durch den »Schlauch« zu den »Duschen«. Die Frauen mussten vor der Gaskammer warten, bis die Männer drinnen tot und die Leichen vom Sonderkommando weggeräumt worden waren. Das Sterben dauerte bis zu zwanzig Minuten. Hatten die Menschen Goldzähne, wurden ihnen diese anschließend herausgebrochen. Die Juden des Sonderkommandos, die das tun mussten, durften noch eine Weile weiterleben.

Das war im Juli 1942. Die letzte Nachricht, die meine Mutter über das Rote Kreuz aus dem Getto erhalten hatte, war auf den 16. März 1942 datiert. »Wir sind gesund«, schrieben die Großeltern, der Bruder sei Arbeiter, seine Frau Kellnerin. »Verdienst klein, wir verkaufen alles. Georg besuchte uns. Wir denken an euch, erbitten Nachricht.« Georg war der jüngste Bruder meines Vaters. Er kam als Wehrmachtsangehöriger im Januar 1942 durch Warschau und schickte meinen Großeltern eine Nachricht ins Getto. Der Großvater begab sich an den Zaun, aber das Gespräch konnte nur wenige Minuten dauern. Das ihm von Georg angebotene Geld lehnte Grzegorz Szczeczyński ab. Von diesem Besuch erfuhr ich von meiner Wiener Cousine Liesl, lange nach dem Tod von Onkel Georg. Meine Mutter hatte es vorgezogen, mir nicht davon zu erzählen.

Noch im Sommer 1939 war meine Großmutter während einer zweimonatigen Kreuzfahrt mit ihrer Schwiegertochter Marysia durch London gekommen und hatte meine Eltern besucht. Der Versuch, sie von der Rückkehr nach Warschau abzuhalten, scheiterte. Die beiden Frauen konnten sich nicht vorstellen, ihr gesamtes Hab und Gut in Warschau zurückzulassen und zu riskieren, ihre Männer zu verlieren. »Hitler kann uns doch nicht alle umbringen«, sagte meine Großmutter. Dazu fehlte damals vielen noch

Die letzte Begegnung mit meiner Großmutter,
Sommer 1939 in London

die Fantasie. Einen Monat später marschierte die Wehrmacht in Polen ein.

Meiner Tante Marysia gelang es, mit ihrem Mann
aus dem Getto zu fliehen, nachdem man die Alten abgeholt hatte. Sie überlebten die Nazizeit versteckt auf der
»arischen Seite« Warschaus. Gespräche mit Marysia, die
nach dem Krieg nach Australien ausgewandert war, machten mir bewusst, dass anfangs kaum jemand ernst nahm,
was Deutschland mit der jüdischen Bevölkerung Polens
vorhatte. In Polen war man Antisemitismus gewohnt. Man
hatte so viele Verfolgungen und Pogrome überstanden,
auch dieser deutsche Wahn würde vorübergehen, dachte
man.

Meine ältere Tante, Ludka, wurde 1939 schwanger. Die Tschechoslowakei und Österreich waren schon besetzt. Sie hatte Glück, denn sie war mit einem politisch weitsichtigen Mann verheiratet. Das Ehepaar hatte soeben das australische Einwanderungsvisum erhalten. Besorgt lief Ludka zum Arzt. Sollte sie als Schwangere ein neues Leben in einem fremden Land beginnen? Würde sie die lange Schiffsreise überstehen? Der Arzt, ein älterer Jude, legte ihr nachdrücklich ans Herz: »Verlassen Sie dieses Land, im Interesse Ihres Kindes. Wenn ich jünger wäre, würde ich es auch tun, denn es wird die Hölle werden.«

Kurz nach ihrer Ankunft in Sydney kam ihr Sohn zur Welt. Sie nannten ihn Syd. Er wurde Orthopäde. Sein politisch weitsichtiger Vater Lutek, der sich in Australien Louis nannte, war Ingenieur. Er starb fast hundertjährig 2003 in Sydney. Über seine Familie wollte er mit mir nicht sprechen: *They disappeared in the war*, sagte er, mehr nicht. Bis zum Ende war er tief gekränkt, dass die Juden und Jüdinnen in Polen nicht als gleichwertige Bürger angesehen wurden: »Die Polen haben mich nicht akzeptiert. Ein richtiger Australier bin ich nie geworden. Ich bin ein Niemand. Ich bin nichts als ich selbst.«

Als junge Frau hatte meine Großmutter goldenes Haar und eine rosige Gesichtsfarbe, duftete nach Parfüm und begleitete im Salon der Wohnung ihrer Eltern in Łódź den Gesang ihrer Freundinnen am Klavier. Natürlich haben weder sie noch ihr Mann ein Grab. Ihre Vornamen sind im Mahnmal des »Umschlag-Platzes« in der Warschauer Stawki-Straße in den weißen Marmor gemeißelt: Regina und Grzegorz. Hätte meine Mutter zum Zeitpunkt meiner Geburt vom Tod ihrer Mutter gewusst, hätte sie mich nach jüdischem Brauch vielleicht Regina genannt. So hätte ich

Onkel Louis Nade, Januar 1996 in Sydney

gern geheißen: »Königin«. Es wäre aber auch eine schwere Last gewesen.

In Treblinka habe ich 2006 die eindrucksvolle in den 1950er-Jahren errichtete Gedenkstätte besucht. Dort wurden meine Großeltern, die Familie meiner angeheirateten Tante Marysia und die Familie meines angeheirateten Onkels Lutek ermordet. Der bei der Ankunft meiner Großeltern mit Blumen geschmückte Bahnhof war 2006 eine Ruine, die Gleise, die von dort ins Lager abzweigten, nur noch als Spuren im Gras zu erkennen. Ein Kopfsteinweg führt durch einen Nadelwald zu dem mit zwei massiven Betonblöcken markierten Eingang des Lagers. Betonschwellen geleiten die Besucher als symbolische Markierungen zur nachgebauten Rampe, an der fast eine Million Menschen entladen und sofort in den Tod geschickt wurden.

Nichts »Echtes« ist in Treblinka übrig geblieben. Vor ihrem Abzug im November 1943 haben die Deutschen die Gebäude und Tötungseinrichtungen in ihre Einzelteile zerlegt und fortgeschafft, alle Reste wurden verbrannt. Das

Treblinka, 2006

Lagergelände wurde umgepflügt und mit Lupinen besät. Man errichtete sogar ein Haus und ließ eine ukrainische Familie einziehen, um den Eindruck einer normalen Dorflandschaft zu erwecken. Noch bis Mai 1944 mussten Häftlinge Berge von Schlacke und Asche hinausfahren und auf der Chaussee verstreuen, die das Vernichtungslager mit dem zwei Kilometer entfernten Zwangsarbeitslager an der Kiesgrube verband. »Schwarze Straße« wird die Chaussee heute genannt.

Von der Rampe folgt ein Pflasterweg der Route, die zur Gaskammer führte. Auf beiden Seiten wird er von Findlingen gesäumt, die auf die Lage der Baracken hinweisen, in denen sich die Todgeweihten ausziehen mussten. Dort, wo sich vermutlich die Gaskammern befanden, steht ein Mahnmal, das an die Klagemauer in Jerusalem erinnert. Unterschiedlich große unbehauene Granitblöcke, wie Grabsteine auf einem jüdischen Friedhof, benennen die Orte, aus denen die Ermordeten stammten. So viele sind es. So viele.

Mein Vater hat ein Grab auf der Insel Chios, dessen Holzkreuz bestimmt bereits verfallen ist. »Ich wünsche,

Treblinka, 2006

dort bestattet zu werden, wo mich der Tod trifft«, hatte
er verfügt. Daran hielt sich meine Mutter. Doch Peter
konnte nicht akzeptieren, dass der Vater gestorben war,
wartete noch monatelang auf seine Rückkehr. Ein volles
Jahr verbot er der Mutter, irgendetwas in der Wohnung
zu verändern. Nichts durfte sie wegwerfen, und nur deshalb kam ich in den Besitz eines Beutels voller Briefe und
Ansichtskarten aus den verschiedenen Urlaubsorten meines
Vaters, verfasst in perfekter englischer Sprache. Meine Mutter stellte ihren Leichnam dem Anatomischen Institut der
Universität Wien zur Verfügung. In einem Gedenkbuch der
Gemeinde Wien ist ihr Name festgehalten. Ich habe es nie
gesehen.

»Wir haben uns nie etwas aus Begräbnissen und Grä-
bern gemacht«, sagte mein Bruder. Dennoch habe ich die
Familientradition durchbrochen und die sterblichen Überreste meines Bruders anderthalb Jahre nach seinem Tod
einäschern und die Urne im Grab meiner österreichischen
Großeltern begraben lassen. Auf den Grabstein ließ ich den
Namen des Vaters sowie die Namen von Mutter und Bru-

der meißeln, beide versehen mit einem Davidstern. Besucht habe ich das Grab nie.

Auch ich selbst nähere mich dem Tod, ich bin die Letzte in der Reihe. Noch denke ich nicht darüber nach. Ich habe – außer im Fernsehen und im Kino – noch nie einen toten Menschen gesehen. Von Menschen in Kriegs- und Krisengebieten bin ich bestimmt zu beneiden. So bleibt der Tod für mich eine Abstraktion. Wir werden sehen. Eine gewisse Lebenssättigung macht sich aber jetzt schon breit, verstärkt durch die durch die Pandemie erzwungene Inaktivität. Das Leben ist langweiliger geworden. Nach dem Mittagessen schlafe ich gern. Abends gehe ich selten aus und vertrage nur noch wenig Alkohol. Lautes Stimmengewirr ermüdet mich.

Ich habe mich in mein Homeoffice zurückgezogen, in meinem Kreuzberger Büro die Ordner aus den Regalen geräumt und die Zimmerschlüssel der Kollegin übergeben, die meinen Schreibtisch übernimmt. Abgesehen von einigen Reisen, habe ich nur noch wenig vor. Wenn ich sterbe, wird es für die Welt kein großer Verlust sein. Zurückbleiben werden keine Kinder und Enkelkinder, nur meine Bücher. Das immerhin ist tröstlich. Mein Leben war auch nicht »verpfuscht«, wie meine Mutter es am Lebensende von ihrem gesagt hat. Während ihre Hoffnungen auf die Zukunft an Krieg, Holocaust und Familienleben zerschellt sind, habe ich das Glück, in meiner Lebenszeit maßgebliche Veränderungen erlebt und ein Stück weit auch bewirkt zu haben – auch wenn es im Augenblick einen katastrophalen Rückschritt gibt.

Ich habe auch aufgehört, Polnisch zu lernen. Es ist eine so schöne Sprache, und der Unterricht mit meiner bezaubernden Polnisch-Lehrerin hat mir großen Spaß gemacht, war aber auch sehr anstrengend. Wozu noch die Mühe? Doch wenn ich über diesen Verzicht nachdenke, überkommt mich Trauer, denn das Polnische hat sich tief in mir eingenistet. Während eines polnischen Dokumentarfilms über blinde Kinder, die mit ihren Händchen die Welt erfassen, etwa ein Ei betasten und mit ihrem Kinderpolnisch beschreiben, brach ich plötzlich in Tränen aus. Warum?

Und ich erinnerte mich: Wenn ich nachts wegen Atemnot nicht schlafen konnte, ist meine Mutter mit mir im Arm auf und ab gegangen und hat mir polnische Wiegenlieder vorgesungen. Genau jene Mutter, die mir später das Singen verleidet hat, weil sie selbst, wie sie mehrfach wiederholte, in der Schule wie eine Kröte gekrächzt habe und deshalb vom Schulchor ausgeschlossen worden war. Das wird bei dir nicht anders sein, lautete die Botschaft. Bei uns zu Hause wurde nie gesungen.

Wenn Massimo vor Glück strahlend von der Chorprobe kommt, beneide ich ihn. Doch in meiner Erinnerung waren die Wiegenlieder meiner Mutter wunderschön. Die polnische Sprache klingt mir immer noch wie Musik in den Ohren, besonders aus dem Mund von Frauen. Höre ich sie in der U-Bahn sprechen, lächle ich verzückt. Menschen ihre Sprache zu verbieten, wie es überall auf der Welt geschah und geschieht, ist eine kulturelle Grausamkeit schlimmster Sorte.

Weiblich geboren

Schon als Kind muss ich gespürt haben, dass es nicht gerade von Vorteil war, mit weiblichen Geschlechtsmerkmalen geboren zu sein. Ich wäre lieber ein Junge gewesen, ohne wirklich zu wissen, warum. Auch heute noch ist es mir ein Rätsel, denn meine Eltern haben mir gewiss nicht vermittelt, als Mädchen minderwertig zu sein. Als Kind in England war ich frech und selbstbewusst, sprach fremde Leute im Park an und streunte durch unsere Nachbarschaft, um den Hausfrauen in den umliegenden Häusern einen Besuch abzustatten. Es muss dennoch etwas in der Luft gelegen haben, das mir schon bald Unbehagen verursacht hat.

In Wien, in das ich als Fünfjährige gekommen war, spielte ich – nachdem ich Deutsch gelernt hatte – mit Freundinnen aus unserer Siedlung. Mit einer turnte ich im Garten. Sie war pummelig, schien aber trotzdem aus Gummi zu sein, im Gegensatz zu mir, die ich dünn und steif war. In der Volksschule wurde ich gezwungen, mit fünf Nadeln Socken zu stricken, und hasste es. Mein Lehrer warnte mich vor lebenslanger Ehelosigkeit, wenn ich nicht stricken wollte, was mich nicht weiter beeindruckte. Wer wollte schon heiraten?

Nach der vierjährigen Volksschule besuchte ich ein Mädchenrealgymnasium und war nur noch unter Mädchen. Das fand ich in Ordnung, ich kannte es nicht anders.

Die lärmenden Jungs, mit denen wir nach Schulschluss in der Tram zusammentrafen, waren für mich fremde Wesen. Ich hatte zwei Freundinnen, eine war wunderschön und wurde später Model und Fernsehansagerin, die andere war das komplette Gegenteil von mir: grenzenlos selbstbewusst. Ich bewunderte sie sehr. Wir drei genossen Freiheiten, die viele meiner Klassenkameradinnen aus dem Arbeitermilieu nicht hatten. Manche meiner Mitschülerinnen wurden regelrecht eingesperrt. Sie hatten ängstliche, alleinerziehende Mütter, die ihre Töchter vor der »schiefen Bahn« bewahren wollten.

Mädchenbücher waren bei uns zu Hause verpönt. Meine Eltern hatten kein Interesse, mich auf meine künftige Rolle als Gattin, Hausfrau und Mutter vorzubereiten, vor allem nicht meine Mutter. *Trotzkopf* und *Heidi* hießen die Bücher, die viele Mädchen in meiner Kindheit lasen, Bücher aus dem 19. Jahrhundert, die so gar nicht in die Nachkriegsjahre passten. Aber auch »Backfischbücher« aus dem 20. Jahrhundert trugen Titel wie *Nesthäkchen* und *Hanni und Nanni*.

Nachdem ich in der Schule auf Deutsch Lesen und Schreiben gelernt hatte, brachte ich mir – ganz allein – Lesen und Schreiben auf English bei. Wer die Tücken der englischen Orthografie kennt, kann beurteilen, was das für eine bemerkenswerte Leistung für ein Kind war. Niemals später hatte ich Probleme mit der englischen Rechtschreibung. Meine Eltern schrieben mich in die amerikanische Leihbibliothek ein, wo ich mir Abenteuerbücher entlieh. In Erinnerung geblieben sind mir die *Lederstrumpf*-Romane von James Fenimore Cooper. Selbstverständlich identifizierte ich mich mit den *Red Indians*, den »Rothäuten«, die sich heute *Native Americans* nennen. Dass es im Bundesstaat Minnesota im Winter bis zu minus 40 Grad kalt werden kann, erfuhr ich aus einem Kinderbuch über Husky-Schlittenhunde.

Das einzige Mädchenbuch, das mir meine Eltern zu lesen gaben und das ich immer noch besitze, war der 2019 verfilmte Roman in drei Bänden *Little Women* der amerikanischen Autorin Louisa May Alcott. Es ist die Geschichte der Schwestern Meg, Jo, Beth und Amy. Meg, die im Vergleich zu ihren Schwestern den größten Wert auf die Einhaltung bestehender Konventionen legt, heiratet früh und bekommt drei Kinder. Beth, die ihr Leben ihrer Familie widmet und aufopferungsvoll im Haushalt und bei kranken und armen Nachbarn arbeitet, ist selbstlos bis in den Tod. Amy, das Nesthäkchen der Familie, sieht sich als Künstlerin und kann mit einer Tante nach England reisen und sich dort künstlerisch weiterbilden. Sie heiratet den wohlhabenden Nachbarsjungen, kehrt mit ihm nach Amerika zurück und bekommt eine Tochter.

Jo wünscht sich finanzielle und persönliche Unabhängigkeit, Ruhm und Anerkennung als Schriftstellerin. Zwar macht sich ihr schriftstellerisches Talent vorübergehend sogar bezahlt, gibt jedoch Anlass für persönliche und soziale Konflikte. Der Mann, den sie schließlich heiratet, bringt sie dazu, die Schriftstellerei aufzugeben. Gemeinsam eröffnen sie eine Schule. Jos schriftstellerische Tätigkeit, die sie später wieder aufnimmt, gilt nach der Eheschließung jedoch nicht mehr dem Streben nach Anerkennung, sondern ist eine ausschließlich private Tätigkeit, mit der sie ihre neue Rolle als Mutter zweier Söhne bereichert.

Ich erinnere mich, dass ich mich von den vier Schwestern am ehesten mit Jo identifizierte. Was ich von ihrem

Verzicht auf Anerkennung zugunsten einer harmonischen Ehe hielt, weiß ich nicht mehr.

Tief beeindruckt war ich von dem 1952 in der DDR erschienenen sozialistischen Kinderroman *Das eiserne Büffelchen*. Geschrieben hatte ihn eine österreichische Schriftstellerin mit dem Pseudonym Alex Wedding, die 1953 mit ihrem Mann nach Ostberlin übersiedelte. Er handelt von den Erlebnissen des Jungen Tie-niu im revolutionären China und trug wesentlich dazu bei, mich von den Vorzügen der sozialistischen Revolutionen in der Sowjetunion und in China zu überzeugen.

Doch bald schon füllten Bücher der »Weltliteratur« mein Regal, die mir meine Eltern zu jedem Anlass schenkten. Kaum hatte ich die Verpackung weggerissen, setzte ich mich in eine Ecke unserer Wohnung auf den Fußboden und war nicht mehr ansprechbar. Häufig handelten diese überwiegend von Männern geschriebenen Bücher von Frauen und von der Liebe. Meine Vorstellung von den Beziehungen zwischen Frauen und Männern speiste sich in erster Linie aus der Literatur, denn was mir meine Eltern zu Hause vorlebten, war als Vorbild ungeeignet. Die Liebe sollte vor allem dramatisch sein. So stand es in den Büchern.

Flauberts Emma Bovary füllt die Leere ihrer Ehe mit Affären und schluckt am Ende Arsen. Tolstojs Anna Karenina stürzt sich, von irrationaler Eifersucht getrieben und wegen ihrer außerehelichen Beziehung zu Graf Wronskij sozial geächtet, vor einen Zug. Ein böses Ende nehmen auch die beiden Geliebten von Julien Sorel in Stendhals *Rot und Schwarz*, eines meiner damaligen Lieblingsbücher: Mathilde kann das abgeschlagene Haupt des Geliebten nur noch feierlich bestatten, die andere, die verheiratete

Madame de Rênal, stirbt drei Tage nach Sorels Tod in den Armen ihrer Kinder.

In Thomas Hardys *Tess von den d'Urbervilles* kommt es noch schlimmer: Tess, von Alec vergewaltigt, wird schwanger und bringt einen kränklichen Sohn zur Welt, der bald stirbt. Später verliebt sie sich in Angel und heiratet ihn. Als sie ihrem Mann im Vertrauen auf seine Liebe ihren »Fehltritt« (womit sie die Vergewaltigung meint) gesteht, verlässt er sie. Später wird Tess die Geliebte von Alec, der zu Geld gekommen ist, doch Angel kehrt zurück und verzeiht Tess. Am Ende ersticht Tess Alec, wird verhaftet und hingerichtet. Angel und Tess' Schwester werden ein Paar, so wie es Tess gewünscht hat. Als ich diesen Roman las, war ich immerhin verärgert.

Die Heldin Jane Eyre aus Charlotte Brontës gleichnamigem Roman ist ein armes Waisenkind. Sie arbeitet als Gouvernante und verliebt sich in ihren Hausherrn Mr. Rochester. Die beiden wollen heiraten, doch knapp davor wird offenbar, dass Rochester bereits verheiratet ist: mit einer geisteskranken Kreolin aus Jamaika, die er im Haus versteckt hält. Jane ist nicht bereit, mit Rochester als seine Geliebte zu leben, und verlässt ihn. Nach zahlreichen Verwirrungen, im Zuge derer Jane schließlich ein umfangreiches Erbe antritt und reich wird, findet sie Rochester in seinem von einem Feuer zerstörten Anwesen. Bei dem Versuch, seine Frau zu retten, die jedoch im Feuer umkam, ist er fast erblindet. Jane bleibt bei ihm, die beiden heiraten, bekommen einen Sohn, und alles wird gut. Über diesen Roman äußerte sich mein von mir hochgeschätzter Englischlehrer abfällig – und hatte recht.

Und natürlich las ich auch den großen Macho Ernest Hemingway. Die Geschichte des Guerillakämpfers Robert

Jordan, der im Spanischen Bürgerkrieg in *Wem die Stunde schlägt* in der Internationalen Brigade gegen die Falange kämpft, versetzte mich in Begeisterung. So stellte ich mir mein künftiges Leben vor: kämpfend im Dienst der guten Sache. Doch ich identifizierte mich nicht mit dem Helden der Geschichte, dem Kämpfer für Gerechtigkeit, sondern mit seiner Geliebten Maria; aber immerhin ist auch sie eine Guerillera. Eine solche Liebe im Kugelhagel war ganz nach meinem Geschmack.

Und so ging es dahin in der Weltliteratur. Eines meiner Lieblingsbücher war *Schuld und Sühne* von Fjodor Dostojewskij. Hier obsiegen am Ende Menschlichkeit und Altruismus, verkörpert durch Sonja, das arme Mädchen, das den Mörder Raskolnikow davon überzeugt, sich der Polizei zu stellen, und ihn nach der Verurteilung ins Zwangsarbeitslager begleitet. Es triumphiert die Liebe.

Überrascht war mein Englischlehrer, als ich ihm als mein Lieblingsbuch *The Wall* von John Hersey nannte, ein 1950 erschienener 640 Seiten starker Wälzer über die Zerstörung des Warschauer Gettos und die Flucht von 40 Frauen und Männern. Ich war bei der Literatur über die Schoah angekommen, die mich nicht mehr losgelassen hat. Die Themen Krieg, Rassismus, Vertreibung, Gewalt und menschliche Niedertracht gehören seither zu meinem literarischen Repertoire.

Als ich in den frühen 1970er-Jahren Feministin wurde, erkannte ich voller Wut, wie sehr die überwiegend von Männern verfasste Literatur mein Bild von Frauen und Männern und der Liebe geprägt hatte. Mehrere Jahre las ich nur noch Literatur von Frauen.

Aber ich greife vor. Vorerst war ich ein zutiefst verschrecktes, schüchternes Geschöpf, das sich unbehaust in

Juli 1960

der Welt fühlte und sich nach Liebe sehnte. Einen Raum
mit fremden Menschen zu betreten versetzte mich in
Panik. Mit Fremden ein Gespräch zu beginnen, war mir
unmöglich, nicht einmal, wenn es darum ging, nach dem
Weg zu fragen; eine Hemmung, die mich bisweilen noch
heute überkommt. Meine Akne und das Gefühl, unrein
und hässlich zu sein, machten alles nur noch schlimmer.
Zurechtgemacht, so gut es ging, besuchte ich Theater und
Konzerte, immer allein, und hoffte auf eine Begegnung,
die mein Leben verändern würde. Natürlich trat sie nie
ein, denn die Bedürftigkeit, die ich ausstrahlte, muss ab-
schreckend gewirkt haben. Allein reiste ich durch Europa,
überwiegend per Anhalter, und besichtigte die wichtigsten
Tourismushotspots von Frankreich, Italien, England und

Deutschland. Dass ich von all diesen Reisen heil zurückkehrte, ist eigentlich ein Wunder.

Vergewaltigt wurde ich nur einmal, in Polen, wohin ich
mit meiner Mutter gereist war. Auch darüber habe ich mich
ihr nicht anvertraut. Weder über die Vergewaltigung noch
über die Abtreibung, noch später über die Scheidung habe
ich mit meiner Mutter gesprochen. Ich fühlte mich von ihr
im Stich gelassen, ohne es überhaupt versucht zu haben. Es
fehlte mir das Vertrauen. Nach der für den Täter wegen des
durch einen Tampon verschlossenen Zugangs zu meinem
Innern unbefriedigenden Tat begab ich mich an die Warschauer Adresse der Freundin, die mir die Mutter gegeben
hatte. Ich bat um ein Bett und schlief unverzüglich ein.
Danach verdrängte ich so erfolgreich, dass ich mich erst
wieder erinnerte, als wir uns in der Frauenbewegung über
unsere Gewalterfahrungen austauschten.

1961 brachte ich die Matura hinter mich und begann ein
Studium am Dolmetschinstitut der Wiener Universität, das
ich im Laufe der Jahre immer lust- und zielloser verfolgte.
Es war ein verschultes Studium, das nicht zu eigenständi-
gem Denken und wissenschaftlichem Arbeiten anregte. In
erster Linie wurde es von jungen Frauen belegt, die Fal-
tenröcke und Hermès-Tücher trugen. Der Bibliothekar
machte sich über mich lustig, weil ich als einzige Studentin
in Hosen ins Institut kam.

Rückblickend habe ich mich wohl für dieses Studium
entschieden, weil ich mir etwas Eigenständigeres nicht
zutraute. Mit den Sprachen, die ich beherrschte, konnte ich
wenigstens – aus der zweiten oder dritten Reihe – meinen
bescheidenen Beitrag zur Völkerverständigung leisten.

Aus heutiger Sicht hätte ich Politikwissenschaft, Verglei-
chende Linguistik studieren oder eine diplomatische Lauf-

bahn anstreben können. Insgesamt gelang es mir, mein Studium ganze zehn Jahre in die Länge zu ziehen, ehe ich mein Abschlussdiplom in Empfang nehmen konnte. Zu diesem Zeitpunkt interessierte mich meine berufliche Laufbahn schon überhaupt nicht mehr.

Ende der 1960er-Jahre geriet ich über meinen Freund, den ich 1968 kennenlernte, in eine Gruppe von Frauen und Männern, die sich in einem »Arbeitskreis Emanzipation« mit der »Befreiung der Frau« auseinandersetzten – als »Nebenwiderspruch« der allgemeinen Befreiung des Menschen vom Joch des Kapitalismus. Wir waren Linke und rümpften über den »bürgerlichen« amerikanischen Feminismus die Nase. Ich hatte mein Thema gefunden und konnte nur staunen, wie rasch meine Schüchternheit von mir abfiel.

Endlich hatte ich eine Erklärung für mein bisheriges Elend: das Patriarchat. Während mich die Veranstaltungen der 68er an der Universität mit ihrer Aggressivität erschreckten, fühlte ich mich in diesem kleinen Arbeitskreis geborgen und konnte mich entwickeln. Schon bald wurde ich ausgeschickt, um Vorträge zu halten und an Podiumsdiskussionen teilzunehmen. Je mehr Widerspruch mir entgegenschlug, desto eloquenter und selbstbewusster wurde ich.

Aber bald holten uns die Entwicklungen im Ausland ein. Die Feministinnen in den USA, in Frankreich und in der Bundesrepublik stürmten voran, und unser Arbeitskreis wurde mir bald zu eng. Konflikte mit den Männern blieben nicht aus: Eine von den Frauen organisierte Demonstration für die Liberalisierung des österreichischen Abtreibungsparagrafen 144 war ihnen zu reformistisch. Die Analogie der Lage der Frauen zu jener der US-amerikanischen Afroamerikanerinnen und Afroamerikaner, auf die Karin Schrader-Klebert im *Kursbuch 17* hinwies, versetzte uns Frauen in helle Aufregung. Von den Männern wurde sie belächelt. Wahrscheinlich hielten sie den Vergleich zwischen weißen Frauen und der Black-Power-Bewegung für vermessen.

Und dann gab es noch die absurde Regel, die uns Frauen anhielt, Hosen zu tragen. Die Hose, so die einhellige Meinung, repräsentiere das in früheren Jahrhunderten den Männern vorbehaltene Voranschreiten, während die Frauen, in Korsetts und Reifröcke gezwängt, statisch zu sein hatten. Das Problem war nur, dass gerade damals lange indische Wickelröcke modern waren, in denen man durchaus gut voranschreiten konnte. Ich besaß einen solchen, bei dem der Wind beim Gehen die Schenkel offenlegte. Als ich einmal derart angetan einem Genossen aus dem Arbeitskreis auf der Straße begegnete, schlüpfte ich eilig in einen Hauseingang. Spätestens ab diesem Ereignis wurde mir bewusst, dass etwas an unserem Arbeitskreis nicht stimmte.

Es kam, wie es kommen musste: Ein Auftritt von zwei Frauen aus der schon im Herbst 1968 gegründeten Schweizer Frauenbefreiungsbewegung (FBB) brachte den Ball ins Rollen. Es geschah auf einem Seminar in dem idyllischen Ort Mondsee Ende September 1972. Von diesen beiden Frauen – eine hatte hennagefärbtes Haar und war Künstlerin – waren wir tief beeindruckt. Sie waren von einer großen Begeisterung für unsere gemeinsame Sache beseelt, die auf uns übersprang. Dass ausgerechnet Schweizerinnen den Anstoß gaben, mag vielleicht frappieren, gibt es doch in der Schweiz erst seit Februar 1971 das Stimm- und Wahlrecht für Frauen auf eidgenössischer Ebene.

Was die Schweizerinnen konnten, wollten auch wir wagen. Die Schweiz war ein kleines Land wie Österreich und flößte uns weniger Ehrfurcht ein als die USA oder die Bundesrepublik Deutschland. Eine Gruppe von sieben Frauen tat sich zusammen, und anders als in der Schweiz waren wir nicht nur Studentinnen, sondern überwiegend Berufstätige um die dreißig, manche von ihnen Mütter. Schon einen Monat darauf kam es in Wien zur ersten feministischen Versammlung, die wir damals allerdings noch nicht so nannten. Anstelle der erwarteten dreißig Teilnehmerinnen kamen fünfzig. Wir waren überwältigt.

Die Gründungsgruppe legte ein Thesenpapier vor, in dem wir betonten, »keine Veränderung im Rahmen des Systems« anzustreben, sondern vielmehr »eine sozialistische Revolution«. Wir wollten nur die Frauen auf den gleichen Stand bringen »wie das kämpfende männliche Proletariat«. »Für die Umwandlung der kapitalistischen in eine sozialistische Gesellschaftsordnung, in der allein eine gänzliche Befreiung der Frau möglich ist, arbeiten wir nicht als Frauenbewegung, sondern im Rahmen der sozialistischen Bewegung«, schrieben wir.

Mit dem »bürgerlichen« amerikanischen Feminismus wollten wir nichts zu tun haben. »Die Thesen von vor über vierzig Jahren heute zu lesen schmerzt«, schrieb ich in *Zündende Funken*. »Sie zeigen, wie wenig autonom wir damals waren. Die Gedanken sind zum Teil nicht falsch, auch wenn sie in Zeiten des Neoliberalismus beklemmend antiquiert klingen, die Sprache jedoch verrät den Duktus unserer ›Genossen‹. Als Zeitdokument sind diese Thesen interessant, belegen sie doch, welchen Weg wir seither zurückgelegt haben. Im Guten wie im Schlechten.«[1]

Über diese Thesen wurde nicht diskutiert; was die Gemüter vielmehr erhitzte, war der Ausschluss der Männer. Wir verteidigten uns, indem wir ihn als eine vorübergehende, rein taktische Maßnahme deklarierten. Und so wurde inmitten aufgeregter Diskussionen, bei denen unser unterschiedlicher familiärer Hintergrund und unsere unterschiedlichen Gefühle und Bedürfnisse aufeinanderprallten, im November 1972 die »Aktion Unabhängiger Frauen« (AUF) geboren. Von nun an hatte ich viel zu tun.

Von Anfang an nahm ich in der AUF eine führende Rolle ein. Ich organisierte Veranstaltungen, hielt Vorträge, schrieb Streitschriften und Artikel, zog Flugblätter ab und verteilte sie und gab Interviews. Fast nebenbei schlitterte ich in den Journalismus. Durch den Kontakt mit Journalistinnen und Journalisten, die mich interviewten, begann ich die Bedeutung der Medien zu begreifen, während manche meiner Mitstreiterinnen Distanz wahrten und vor allem mit männlichen Medienvertretern nicht sprechen wollten. Ich erkannte rasch, dass Öffentlichkeit unserem Anliegen auf jeden Fall dienlich war, wie verzerrt auch manchmal die Wiedergabe unserer Gedanken ausfallen mochte.

Überwältigt vom Zustrom, der bestätigte, dass die Zeit für unsere Initiative reif war, stürzte ich mich mit glühender Leidenschaft in meine neue Aufgabe. Doch die Geister, die wir gerufen hatten, entwickelten unverzüglich ein Eigenleben und rasten in alle Richtungen. Das hatten wir nicht vorausgesehen. Die Verantwortung für die Bewegung, die wir angestoßen hatten und die ich als meine persönliche Aufgabe empfand, bekam mir körperlich und psychisch nicht. Noch wusste ich nicht, dass sich die Energie, die wir mit unserem Gründungsakt freigesetzt hatten, in keiner Weise bändigen ließ.

Ich, die ich sozialistisch sozialisiert war, auch wenn ich nie einer Partei angehört hatte, sah, dass mir das, was ich

1975

politisch anstrebte, entglitt. Das beunruhigte mich. Ich
wollte kontrollieren, was sich nicht kontrollieren ließ. Also
litt ich vor jeder Versammlung an Magenkrämpfen, die ich
mit autogenem Training zu bekämpfen suchte, was man
mir nach außen vielleicht nicht anmerkte. »Erica Fischer
hat super ausgesehen«, erinnert sich Marie-Thérèse Escribano in dem Buch *Zündende Funken*. »Sie war angezogen
mit einer Khakibluse, ein bisschen wie ein Soldat. Ich war
so begeistert von den Frauen, ich war so stolz auf sie.«[2]

Auch wenn Marie-Thérèse beeindruckt war, vermittelte
sich meine innere Anspannung garantiert nach außen. Ich

war verkrampft und bestimmt nicht beliebt. Bald wurde mir vorgeworfen, mit meiner überbordenden Aktivität andere in ihrer Entwicklung zu behindern. Das kränkte mich, war ich doch selbst erst kurz zuvor aus meiner Stummheit aufgetaucht. Als Freiberuflerin konnte ich es mir leisten, gerade nur so viel wie nötig zu arbeiten, um mir das Überleben zu sichern. Außerdem wohnte ich in einer WG-Wohnung, die meinem Freund gehörte, und musste keine Miete zahlen.

Anders als viele, die ganztags berufstätig waren und Kinder hatten, genoss ich den Luxus frei verfügbarer Zeit, wodurch ich stets einsatzbereit war. Das verschaffte mir einen Wissensvorsprung über Interna der Bewegung, also eine Macht, die ich lange Zeit nicht als solche erkannte. Ich habe sie auch nicht gezielt angestrebt, sondern handelte aus Leidenschaft. Ich hatte mich entschieden und wollte nun die Welt verändern. Und veränderte mich dabei in rasendem Tempo selbst.

Ganz bewusst wählten wir keine Sprecherinnen. Wer mitmachen wollte, meldete sich und machte mit. Wer sich befähigt fühlte, mit den Medien zu sprechen, tat es. Und wir hielten jede Frau für gleichermaßen befähigt. Das übermächtige »Wir« schloss jede Differenzierung und Individualität aus. Eine sprach für alle. In unserer Zeitschrift unterschrieben wir mit unseren Vornamen. Die Person hinter dem Artikel war unerheblich. Als ich als Reaktion auf die internen Konflikte dazu überging, meine Artikel mit vollem Namen zu zeichnen, war das für mich eine Befreiung: Dieser Artikel ist von mir, Erica Fischer, die sich in vielerlei Hinsicht von den anderen unterscheidet.

Der wichtige Essay der US-amerikanischen Feministin Jo Freeman *The Tyranny of Structurelessness*, den wir in deutscher Übersetzung als *Die Tyrannei in strukturlosen Gruppen* lasen, öffnete uns die Augen. Es war nicht nur so, dass einige wenige über mehr Macht verfügten als andere, vielmehr hatte das auch zur Folge, dass sich nur wenige verantwortlich fühlten.

Inmitten dieser emotionalen Achterbahnfahrt geriet auch mein Liebesleben in Unordnung. Vieles am Verhalten meines Freundes passte mir plötzlich nicht mehr. So erging es auch anderen. Es zerbrachen reihenweise Beziehungen und bildeten sich neue, nicht selten zwischen Frauen. Schon bei unserem ersten Treffen gründete sich ein Lesben-Arbeitskreis. Bis dahin hatte ich über die Liebe zwischen Frauen noch nie nachgedacht. Doch dann erinnerte ich mich an Anna, eine junge Schwedin mit schrägen graublauen Augen, in die ich 1965 in Cambridge ganz bestimmt eine kurze Weile verliebt war, ohne es zu wissen.

In rasender Geschwindigkeit begannen wir einander wertzuschätzen und zu lieben. Zu Konkurrentinnen um den Mann erzogen, erlernten wir nun Frauensolidarität, lernten, Frauen Männern vorzuziehen, Frauen zuzuhören, Frauen zu respektieren. Wenn ich heute eine Arztpraxis suche, entscheide ich mich für die, in der eine Ärztin praktiziert, ich habe einfach mehr Vertrauen zu Frauen.

»Es war eine Zeit großer Zärtlichkeit«, schreibt Gertraud Auer Borea in *Zündende Funken*. »Jenseits der Zärtlichkeit, die mir meine Mutter entgegengebracht hat und die mein Leben sehr stark bestimmt hat, habe ich die Erwachsenen-Zärtlichkeit in der Frauenbewegung gelernt, gespürt, erfahren. Eine ganz andere Art des aufeinander Zugehens. Trotz der Konflikte. Da haben uns die lesbischen Frauen ein großes Geschenk gemacht mit ihrer Großzügigkeit im körperlichen Umgang miteinander. Das ist nicht unbedingt auf Sexualbeziehungen hinausgelaufen. Dass wir Hetero-Frauen uns überhaupt berühren konnten.«[3]

Auch in Gertraud war ich verliebt. Sie war so schön mit ihrem wallenden Haar und dem offenen Lächeln und anderen Menschen in einer Weise zugewandt, wie ich es nie sein konnte.

»Es waren so gescheite Frauen da, so kluge«, wird Ruth Aspöck in *Zündende Funken* zitiert. »Sie waren schön, irgendwie pfiffig, und sie waren selbstbewusst, das war einfach toll. Es war lustvoller als in anderen politischen Gruppen. Es war sinnlicher, schöner, weil die Männer sind ja nicht alle so wirklich schön, es war vom Ästhetischen her eine Pracht.«[4]

Gerade diese Ruth hatte es schwer. Sie hatte ein Baby, das sie im Tragetuch zu den Versammlungen mitbrachte. Natürlich störte es manchmal. Ich erinnere mich, dass es mich nervte, angespannt, wie ich war. Es dauerte eine Weile, bis wir begriffen, dass die Situation der Mütter uns alle betraf. Doch dann sorgten wir bei Veranstaltungen für eine Kinderbetreuung, die die meisten unserer Männer bereitwillig übernahmen.

Heute ist es fast selbstverständlich geworden, dass sich Väter um ihre kleinen Kinder kümmern, man sieht sie mit Babys in Tragetüchern im Stadtbild und denkt sich nichts weiter dabei. Damals war es ein politischer Akt, Kinder Männern zu überlassen.

Unvergesslich bleibt mir das erste Frauenfest in meiner WG, aus der ich die Männer für einen langen Abend weggeschickt hatte. Von Anfang an lag eine erotische Spannung in der Luft, denn wir waren es nicht gewohnt, ohne Männer zu feiern. Es fühlte sich an wie eine Grenzüberschreitung. Den Höhepunkt des Abends bildete Ülküms

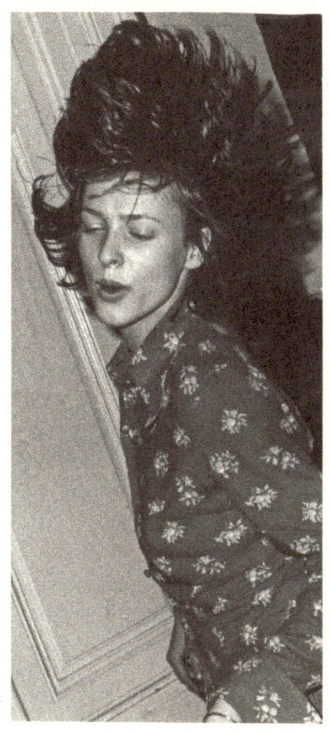

Erstes Wiener Frauenfest in unserer WG, 1973, Heldis Kögl

Striptease. Klatschend saßen wir im Kreis auf dem Boden, und Ülküm, die sich einen Schnurrbart angeklebt hatte, ließ mit ondulierenden Bewegungen Stück für Stück ihren Mantel und die anderen Kleidungsstücke zu Boden sinken, in die sie sich gehüllt hatte. Wir tanzten wie verrückt. Von diesem Fest gibt es Fotos, die den Spaß, den wir miteinander hatten, zeigen, die Begeisterung, das erlösende Gefühl der Freiheit, uns ohne den männlichen Blick amüsieren zu dürfen. Heute ist auch das selbstverständlich geworden.

Marie-Thérèse Escribano, 1973

Weniger amüsant war der Schwangerschaftsabbruch, der 1974 in Österreich noch illegal war. Im Frauenzentrum vermittelten wir Frauen, die abtreiben wollten, die Adresse einer Privatklinik in Jugoslawien, samt Skizze und einer genauen Wegbeschreibung: »Nach dem Grenzübergang bei Radkersburg erste Abzweigung rechts, dann noch 6 oder 7 Kilometer nach dem Ort Apace bei einer Baumgruppe; dienstags und donnerstags ab 17 Uhr; Preis 3000 Schilling.«

Dass die sogenannte Fristenlösung am 1. Januar 1975 in Österreich in Kraft trat, ist dem jahrelangen Engagement sozialdemokratischer Frauen zu verdanken, die wir Frauen der AUF in der Schlussphase mit Flugblättern und Demonstrationen unterstützt haben. Uns war klar, dass wir in dieser Frage punktuell zusammenarbeiten mussten, auch wenn wir die Fristenlösung für einen Kompromiss hielten und für die vollkommene Abschaffung des Paragrafen sowie die Übernahme der Kosten durch die

Krankenkasse eintraten. Bis heute wird der Schwangerschaftsabbruch in Österreich nicht von der Krankenkasse übernommen.

Die Architektin Ülküm Fürst-Boymann erinnert sich an ihren Schwangerschaftsabbruch im Jahr 1966: »Auf meine Frage, ob sie mir eine Narkose geben würden, antwortete einer der Oberärzte mit einem Lächeln: ›Aber, aber, gnädige Frau, wenn Sie nach der Narkose nicht aufwachen und liegen bleiben, hätten Sie es überstanden, aber wir wären dann dran!‹«[5]

Die Schilderung ihrer Abtreibung ließ mich schaudern. Meine eigene ein paar Jahre zuvor erschien mir da gar nicht so schlimm. Mir wurde eine Äthermaske aufgesetzt, die die Schmerzen dämpfte. Als unangenehm empfand ich vor allem das Drumherum: den Fernseher, der im Nebenraum laut lief für den Fall, dass ich schreien sollte, und den unsympathischen Arzt, der später als Drogendealer im Knast landete. Ülküm hingegen hatte höllische Schmerzen. »Als sie fertig waren, ging ein Arzt mit einer Schüssel in der Hand aus dem Raum. Kurz darauf hörte ich die Spülung der Toilette rauschen.«[6] Dieselbe Ülküm trat bei einer unserer Demonstrationen im weißen Ärztinnenkittel mit einem Transparent auf, auf dem stand: »Abtreibung nur gegen höheres Honorar.«

1974 veranstaltete die AUF ein Teach-in an der Universität. Es war unsere erste Selbstdarstellung in der linken studentischen Öffentlichkeit. »Die Erica und ich [...] wir waren fassungslos und enttäuscht und verletzt, dass die Genossen so stur geblieben sind, dass sie nicht kapiert haben, was da mit der Unterdrückung der Frauen ist.«[7]

So erinnert sich Ingrid Strobl an die Zeit, als wir noch das Gespräch mit den »Genossen« suchten und von

Demo in Wien, 1975

ihnen respektiert und verstanden werden wollten. Damals,
irgendwann 1974 im Hörsaal 1 des Neuen Institutsgebäudes,
hielt Ingrid unser gemeinsam verfasstes Referat, in dem wir
zu erklären versuchten, warum sich die Frauen autonom
organisieren mussten. »Das war wirklich so was wie das
Durchtrennen der Nabelschnur«, erinnert sie sich. »Auch
zu riskieren, dass uns die Genossen nicht mehr mögen. [...]
Als ich reingegangen bin, hab ich innerlich gezittert und
war furchtbar aufgeregt. Als ich rausgegangen bin, bin ich
sehr viel aufrechter gegangen, gelassener auch, es war richtig so, es war gut so. [...] Die Genossen haben dann Vorträge gehalten, sie wollten uns die Welt noch einmal erklären. [...] Erst haben wir versucht nett zu sein – so sind
wir halt –, dann sind wir sauer geworden und in die Offen-
sive gegangen. Auch das war gut.«[8]

Die Enttäuschung über die mangelnde Solidarität unserer Genossen mit unserem feministischen Aufbruch und

1. Mai 1979

über den unverändert gebliebenen Familienalltag war international. Ingrid und ich hatten wenigstens keine Kinder. Die jugoslawische Feministin Slavenka Drakulić schon. »Während mein Mann und unsere Freunde studierten und revolutionäre Ziele verfolgten, zog ich ein Kind auf«, schreibt sie heute.

Neben meinem feministischen Aktivismus engagierte ich mich in den frühen 1970er-Jahren auch für den »Prager Frühling«. Zusammen mit meinem Freund unterstützten wir die Dissidentinnen und Dissidenten, die nach dem sowjetischen Einmarsch in die Tschechoslowakei am 21. August 1968 für die Freiheit ihres Landes kämpften. Ich erinnere mich noch genau, dass ich mich gerade in Vicenza bei meinem Freund Lorenzo aufhielt, als im Radio darüber berichtet wurde. Es war ein Schock, denn die politische Entwicklung unter Alexander Dubček war für uns nicht kommunistische Linke mit riesigen Hoffnungen verbunden.
    Im Sommer 1967 hatte ich Prag besucht und konnte mich von der berauschenden Stimmung des Aufbruchs überzeugen. Ich war begeistert und wollte im folgenden

Jahr unbedingt für die Internationale Studentenunion arbeiten, die ihren Sitz in Prag hatte. Mit meinen Sprachkenntnissen hatte ich gute Karten für den Job. Doch dann brach die Kommunikation plötzlich ab, wahrscheinlich begannen sich bereits dunkle Wolken am Horizont abzuzeichnen.

Jan Kavan, ein namhafter Dissident, der später erster Außenminister der demokratischen Tschechischen Republik wurde, wirkte von London aus. Er versorgte seine Freundinnen und Freunde in der Tschechoslowakei mit Literatur. Viele von ihnen hatten wegen ihres Widerstands gegen das von der Sowjetunion eingesetzte Regime ihre Arbeit verloren. Unsere Wiener WG wurde zu einer Schaltzentrale. Die jungen Leute aus England und Frankreich, häufig Trotzkisten, übernachteten bei uns. Im Wienerwald tauschten sie dann das Kennzeichen ihres Kleintransporters mit dem doppelten Boden für die verbotenen Bücher aus.

Ich selbst reiste mehrmals mit dem Zug nach Prag – mit klein gefalteten Briefbotschaften, die mit Klebeband an meinem Körper befestigt waren. Bei konspirativen Treffen unter der Büste von Franz Kafka übergab ich sie und nahm andere in Empfang. Ich hatte keine Angst und war überzeugt davon, dass unser Bundeskanzler Bruno Kreisky mich retten würde, sollte ich verhaftet werden.

Einmal hatte ich den Auftrag, das Polizeipräsidium zu fotografieren, und schon bald hörte ich schwere Stiefelschritte hinter mir. Ich gab mich als Architekturstudentin aus, die es sich zur Aufgabe gemacht hatte, interessante Gebäude zu fotografieren. Ich musste nur den Film aushändigen und konnte mich trollen.

1975 wagte ich meinen persönlichen Befreiungsschlag. Ich ging für drei Monate nach Paris, um mein Französisch aufzubessern, und hoffte, die Frauen des Frauenzentrums würden auch ohne mich zurechtkommen. (Sie taten es, und wie! Als ich zurückkam, war gerade ein leidenschaftlicher Streit über den klitoralen und den vaginalen Orgasmus entbrannt!)

Schon bald hatte mich auch in Paris der Feminismus wieder. Den Französischunterricht ließ ich sausen und engagierte mich lieber in einer internationalen Gruppe zur Vorbereitung eines Tribunals zu Gewalt gegen Frauen. Es sollte ein Jahr darauf in Brüssel stattfinden. Und mir begegnete Mireya, eine bezaubernde Mexikanerin mit Indio-Augen und schwarzen Haaren. Die betörende Hauptstadt im Frühling, die französische Frauenbewegung und Mireya – es war eine wunderbare Zeit.

Von Mireya, die einen gehobenen Posten in der mexikanischen Botschaft bekleidete, lernte ich neben der körperlichen Liebe zu einer Frau in exklusiven Restaurants zu speisen. Der Kellner nahm mir meine olivgrüne NATO-Jacke von den Schultern, als wäre sie ein Nerz. Und von der Pariser Frauenbewegung lernte ich, dass Feministinnen auch elegant und humorvoll sein konnten. *Mais qu'est-ce qu'elles veulent?* – »Was wollen sie?«, fragte ein Mann ratlos am Straßenrand, als die Demonstrantinnen über den Boulevard Raspail hüpften und »Ein Schritt vor, zwei Schritte zurück« skandierten.

Mais qu'est-ce qu'elles veulent?, griffen die Feministinnen die Frage auf und tanzten dazu im Kreis. 1975 begehrten in Frankreich auch die Prostituierten auf, besetzten in Lyon eine Kirche und wurden dabei von Simone de Beauvoir unterstützt. Später kam es auch in Wien zu einer Bewegung von Sexarbeiterinnen gegen Polizeiwillkür.

Zum 1. Mai fuhr ich mit Mireya und anderen Freundinnen nach Venedig, um die italienische Bewegung für Lohn für Hausarbeit kennenzulernen. Deren Anführerinnen waren wohlhabende Marxistinnen, und ihr wunderschöner Slogan, den ich bei der Demo mit Begeisterung skandierte, richtete sich gegen die Selbstverständlichkeit, mit der Frauen die unbezahlte Care-Arbeit abverlangt wird, damals ebenso wie heute: *Il nostro lavoro non pagato è la debolezza del proletariato* – »Unsere unbezahlte Arbeit ist die Schwäche des Proletariats«.

Der Arbeiter ist kein solidarischer Gefährte seiner Frau im Kampf gegen den Kapitalismus; denn er profitiert wie auch das System, das er eigentlich bekämpft, von ihrer unbezahlten Arbeit im Haus. Darunter verstanden die Italienerinnen auch den sexuellen Dienst am Mann. Dass unsere Gastgeberin eine sizilianische Hausangestellte hatte, die uns Feministinnen den Espresso an den Couchtisch servierte, war ein Widerspruch, der mich verwirrte.

Die aus Italien importierte Debatte um einen Lohn für Hausarbeit ließ in Wien die feministischen Emotionen hochkochen. Den 1. Mai des folgenden Jahres, an dessen mit großem Pomp gefeierten jährlichen Aufmarsch in Wien wir Feministinnen selbstredend teilnahmen, erklärten wir zum Tag der unbezahlten Hausarbeit.

Auch ohne die technischen Kommunikationsmöglichkeiten von heute agierte die Frauenbewegung der 1970er-Jahre dennoch sehr international. Die Ideen flossen zwischen den Ländern hin und her. Jeden Frauenprotest, ob im Iran, in Portugal oder in Indien, feierten wir als kleinen Zwischensieg der internationalen Bewegung zur Befreiung der Frauen und unterzeichneten unsere Briefe mit *in sisterhood*. Heute ist das Wort *sisterhood* längst dekonstruiert, denn wir wissen um die auf Ausbeutung beruhenden globalen Unterschiede zwischen den Frauen, doch damals war es als Kampfbegriff wichtig.

Nach meiner Rückkehr aus Frankreich, wo ich gelernt hatte, grünen Lidschatten zu verwenden, begann ich, mich verstärkt an der SPÖ abzuarbeiten. Kurz vor meiner Abreise nach Frankreich hatte die Sozialistische Partei Österreichs für den internationalen Frauentag am 8. März des Jahres 1975, dem von der UNO ausgerufenen Internationalen Jahr der Frau, eine Großveranstaltung in der Wiener Stadthalle organisiert. Dazu wurde die Herausgeberin des US-amerikanischen feministischen *Ms. Magazine* eingeladen, die schöne Gloria Steinem (die es laut der österreichischen *Kronen-Zeitung* »gar nicht nötig hat«). Es war also eine Vertreterin genau jener »bürgerlichen« Frauenbewegung, weswegen wir von der SPÖ gegeißelt wurden.

Einer von unseren Frauen, die sich zur österreichischen Innenpolitik äußern wollte, wurde das Mikrofon weggenommen. Wir waren wütend über die Vereinnahmung unserer Ideen durch die SPÖ. »Repressive Toleranz« nannte man das 1968. Unsere Ideen wurden zwar aufgegriffen, wir selbst aber übergangen. Auch Alice Schwarzer war gern gesehener Gast. Die eingeladenen ausländischen Feministinnen äußerten sich nicht zur österreichischen Innenpolitik, was besonders in Vorwahlzeiten für die SPÖ von Vorteil war.

Lange Zeit tat sich die Partei schwer mit dem Feminismus. Mit dem immer wieder bemühten Argument, die Frau des Generaldirektors habe nicht dieselben Probleme wie die Frau des Hilfsarbeiters (als ob es in den 1970er-Jahren keine Hilfsarbeiter*innen* gegeben hätte), wurden wir ins »bürgerliche« Eck gestellt. Und Johanna Dohnal, die später Frauenministerin wurde, meinte, die feministische

Bewegung könne zwar in anderen Ländern »für manche Probleme ein Bewusstsein in der Öffentlichkeit schaffen«, in Österreich jedoch habe sie keine Chance: »Weil es bei uns eine sozialistische Regierung und eine sozialistische Frauenbewegung gibt.«

Dann kam das Jahr 1979, das Jahr des »Paukenschlags«, als Bundeskanzler Kreisky mit einem Schlag vier Staatssekretärinnen einsetzte, darunter Johanna Dohnal. Die Medien reagierten hämisch. Ein Cartoon in der *Kärntner Tageszeitung* zeigte Kreisky umgeben von vier nackten Frauen als Pascha mit seinem Harem: »I steh auf rote Frauen«. *Die Presse* zeigte ihn – auf Seite eins – mit vier Büstenhaltern, die er aus den Taschen seines Jacketts zieht. Der Paukenschlag war der Anfang von Dohnals unaufhaltsamem Aufstieg, im Zuge dessen sie von Parteigenossinnen als »Hexe« diffamiert und von der Österreichischen Volkspartei (ÖVP) im Westen des Landes wegen ihres Eintretens für die Fristenlösung als »Mörderin« beschimpft wurde.

Die Rollenteilung zwischen Straße, Universität, Medien und etablierter Politik ist für diejenigen, denen der Straßenpart zukommt, auf Dauer schwer zu verkraften. Viele Feministinnen wollten aus ihrem Engagement einen Beruf machen. Und so besiegelte die Frauenprojektebewegung die heiße Phase des feministischen Kampfes. Es entstanden Frauenhäuser, feministische Verlage, Zeitschriften und Buchhandlungen, Frauencafés, Mädchentreffs, Notrufe für vergewaltigte Frauen und Beratungszentren für Ausländerinnen.

Als Dohnals Gottvertrauen in ihre Partei wegen der vielen Angriffe allmählich verblasste, wies sie häufig auf die Notwendigkeit einer Wechselbeziehung zwischen ihrem Regierungsamt und der »Bewegung« hin. Allmäh-

Rede bei der Soli-Veranstaltung
für Johanna Dohnal, 1983

lich wurden wir Kampfgenossinnen für ein gemeinsames Ziel, wenn auch von uns Feministinnen immer noch misstrauisch beäugt.

Der kleinbürgerliche Habitus der SPÖ war zäh. So heißt es zum Beispiel in der Januar-Nummer von *Wien intern* 1983 über das glückliche Leben junger Familien in den Gemeindebauten: »Peter hat einen guten Job, und Sissi kann zuhause für ihre Lieben sorgen, ohne die Doppelbelastung, der viele berufstätige Frauen unterworfen sind« – »Zum Glück ist Sissi Hausfrau und kann die liebe Familie mit selbstgebackenen Süßigkeiten versorgen.« – Das unterscheidet sich nicht von den Kommentaren in der Presse fünfzig Jahre zuvor, als das Einküchenhaus, in dem meine Eltern wohnten, als Zerstörer der Familie attackiert wurde.

Im November 1980 machten wir uns mit einer Gruppe von Wiener Feministinnen in einem gemieteten Bus auf

Demo in Linz, 1980

den Weg nach Linz, um uns mit den dortigen Feministinnen zu solidarisieren. Sie hielten ein Studierendenheim besetzt und forderten, es in ein Frauenzentrum umzuwandeln. Unterwegs dichteten wir: »Wir kennen die SP/Sie hält uns nur am Schmäh/Wir wissen, was wir wollen/Und lassen uns nicht rollen.«

Aber immerhin wurde die einstige Sekretärin Johanna Dohnal 1990 Frauenministerin. Schon allein mit ihrem Gardemaß und ihrem selbstbewussten Auftreten hat sie es fertiggebracht, die prunkvollen Räumlichkeiten des Frauenministeriums in der Wiener Hofburg unübersehbar auszufüllen und in einen quirligen Ort hektischer Aktivität und bunter Poster zu verwandeln. Dort gingen wir Feministinnen formlos ein und aus, vorbei am Portier, der jede Einlass begehrende Frau automatisch die wuchtige Freitreppe hinauf zur Frauenministerin schickte. Das war der Charme der Politik in einem kleinen sozialdemokratisch regierten Land, den ich im Giganten Bundesrepublik zu schätzen gelernt habe. Heute ist das alles Schnee von gestern (eine Redewendung, die die Menschen bald gar nicht mehr verstehen werden).

Die einzigen – staatlich nicht unterstützten – Projekte, an denen ich in der Anfangszeit beteiligt war, waren *AUF – Eine Frauenzeitschrift* und die feministische Buchhandlung »Frauenzimmer«. Doch auch dort stieg ich aus, sobald die Projekte festen Boden unter den Füßen hatten. Dank des entschlossenen Engagements ihrer Mitarbeiterinnen überlebten diese beiden Projekte lange Jahre, länger als viele vergleichbare in der Bundesrepublik.

Ich selbst blieb unstet, wollte immer wieder etwas Neues anfangen. Als Journalistin für Print und Hörfunk, die ich allmählich wurde, und später als Buchautorin konnte ich das: immer wieder neue Themen aufgreifen und mich über das Leben und die Gedanken jener informieren, die nur selten in der Öffentlichkeit Gehör finden. Ich war auch eine gute Rednerin und wurde häufig zu Vorträgen und zur Teilnahme an Podien eingeladen.

Manchmal fragte ich mich, ob ich nicht in die Politik hätte gehen sollen. Hätte nicht auch ich das Zeug zur Frauenministerin gehabt? Aber nein! Was Dohnal unter anderem auch auszeichnete, war die Treue zu ihrer Partei. Ohne eine Partei wird man in Österreich keine Ministerin! Spätestens 1986 wurde mir klar, dass ich selbst für die österreichischen Grünen zu unangepasst war, ich war zu sehr daran gewöhnt, außerhalb zu stehen.

*Mit der Mitarbeiterin der Buchhandlung »Frauenzimmer«
Christa Stallecker bei einem Büchertisch, 1970er-Jahre*

Meine damalige Kandidatur für die Partei bei deren erstmaligem Einzug in den österreichischen National-rat scheiterte kläglich; nicht so sehr an meiner mangeln-den Eignung, sondern an den (noch immer monarchisch geprägten) österreichischen Verhältnissen: Da ich bei der Wiener Landesversammlung im Oktober mehr Stimmen erhielt als mein Gegenkandidat Peter Pilz, der jedoch im Gegensatz zu mir als unabkömmlich galt, kam es in der Folge zu einem Spaltungsprozess, im Zuge dessen unsere Liste mit fadenscheinigen Argumenten für ungültig erklärt wurde. Man hätte es auch einen Putsch nennen können, der von den Medien jedoch mit Desinteresse aufgenommen wurde. Die Folge war, dass die Grünen, die mit über zehn Prozent der Stimmen gerechnet hatten, bei den Wahlen bloß auf die Hälfte kamen und wegen des Wegfalls unse-rer Wiener Liste die formal beschlossene, aber nie ernst genommene 50-Prozent-Quote nicht eingehalten werden konnte.

Am Ende war ich froh, dass der Kelch der parlamentarischen Fronarbeit an mir vorübergegangen war. So konnte ich weiterhin jeden Tag ausschlafen, meinen Beruf als Journalistin und Buchautorin ungestört fortsetzen und musste keine peinlichen Kompromisse eingehen. Dass ich auch auf das gute Gehalt einer Parlamentarierin verzichten musste, war mir nicht wichtig.

Als Journalistin – auch als solche immer am Rand, niemals fest angestellt – konnte ich meine Nase in das Leben anderer stecken, weil mir mein eigenes so unwirklich erschien. Und ich konnte, auch nachdem mein Aktivismus abgeklungen war, weiterhin gegen Gewalt, Frauenhass, Rassismus und Krieg anschreiben. Im Hörfunk arbeitete ich für ein »Magazin vom Brotverdienen« und genoss es, Arbeiterinnen und Gewerkschafterinnen zu interviewen, auf deren Welt ich neugierig war.

Ich besuchte internationale Frauenfriedenskonferenzen und sprach mit zypriotischen Feministinnen aus den griechischen und türkischen Landesteilen. Ich nahm an einer denkwürdigen Konferenz jüdischer Feministinnen in Jerusalem teil und traf US-amerikanische feministische Schwergewichte wie Phyllis Chesler, Susan Brownmiller und Andrea Dworkin. Ich übersetzte Bücher von Andrea Dworkin und Kate Millett.

In den frühen 1980er-Jahren bereiste ich das südliche Afrika. Ich berichtete über die Anstrengungen des jungen sozialistischen Staates Mosambik, bettelarm und von einem von Südafrika geschürten Bürgerkrieg gebeutelt, sowie über die gewaltsame Repression im Apartheidsstaat. Als mich die Zeitschrift *Profil* als Südafrika-Erfahrene in das Land

Mosambik, 1984

entsandte, um über die Wahlen zu berichten, wurde ich am Flughafen Johannesburg abgefangen und postwendend nach Wien zurückgeflogen. Von da an hatte ich Einreiseverbot, und *Profil* ließ mich fallen. Meine leise Hoffnung auf eine Anstellung zerschellte.

Schließlich berichtete ich von Anfang an über die Kriege und die Friedensbewegungen im ehemaligen Jugoslawien. Ich reiste nach Belgrad, Zagreb, Sarajewo und schrieb ein Buch über die Gynäkologin Monika Hauser und das von ihr gegründete Projekt *medica mondiale* im zentralbosnischen Zenica.

Meine gescheiterte Kandidatur bei den Grünen, meine Heirat und unser Umzug 1988 nach Köln beendeten meine persönlichen und politischen Suchbewegungen. Ich war 45 Jahre alt und hatte den Einstieg in eine Laufbahn in den Medien oder der Politik verpasst. Zusammen mit meinem ebenfalls freiberuflich arbeitenden und überaus unangepassten Ehemann musste ich in Deutschland als freie Journalistin und Autorin hart arbeiten, um unser Überleben zu sichern. Nach der Scheidung 1994 ist er nach Österreich zurückgekehrt, ich bin im »Exil« geblieben.

Bei dem Begriff kommt mir eine Erinnerung in den Sinn. In den 1970er- und 1980er-Jahren gab es in Berlin-Kreuzberg am Paul-Lincke-Ufer eine legendäre Gaststätte namens »Exil«. Sie wurde von dem österreichischen Philosophen, Schriftsteller, Kybernetiker und Sprachtheoretiker Oswald »Ossi« Wiener betrieben. Wiener war nach einer skandalträchtigen Aktion (»Kunst und Revolution«) an der Wiener Universität 1968 zu sechs Monaten Gefängnis verurteilt worden und nach Berlin geflohen. Im »Exil« habe ich einmal ein Wiener Schnitzel gegessen.

Was also ist ein halbes Jahrhundert nach unserem Aufbruch aus der »Befreiung der Frau« aus dem Joch des Patriarchats geworden, das wir eng verknüpft sahen mit der Ausbeutung und Unterdrückung der Menschen durch das Kapital?

Das globale Kapital beherrscht unser Leben mehr denn je und ist nur noch entfesselter, ausbeuterischer, gewaltsamer und zerstörerischer geworden. Die Reichen sind reicher, die Armen ärmer geworden, national ebenso wie international. Das Überleben auf dem Planeten Erde ist ungewisser denn je. Und doch hat es sich erwiesen, dass für die Frauen (und nicht nur für sie) ein gewisses Maß an Emanzipation innerhalb des Kapitalismus möglich gewesen ist. Dank der Energie, dem Erfindungsreichtum, der Widerständigkeit und der Wut ebenso wie auch der Anpassungsfähigkeit der Frauen und ihrer Verbündeten hat sich die Lage im Westen seit den frühen 1970er-Jahren grundlegend geändert.

Auch wenn die meisten vom kapitalistischen Patriarchat

Beim Besuch von Robert Kennedy, Kapstadt, Januar 1985

geschaffenen Probleme weiterhin bestehen – allen voran der Gender-Pay-Gap, die Gewalt und die Kinderfrage –, sind Frauen aus dem öffentlichen Raum nicht mehr wegzudenken, ganz zu schweigen von den heutigen Studierenden, deren geistige Wachheit mich mit Hoffnung erfüllt. Neben dieser quantitativen Umschichtung ist es auch – im Rahmen der Möglichkeiten, die das kapitalistische System bietet – zu einer qualitativen Verbesserung gekommen. Dort, wo sich Frauen vermehrt einmischen, ob sie nun Feministinnen sind oder nicht, verändern sich die Prioritäten. Aus der Sicht eines einzelnen Menschen ist es ein langsamer, menschheitsgeschichtlich betrachtet jedoch ein rasanter Prozess, von dessen Unumkehrbarkeit – trotz erheblichen Widerstands aus den Reihen »alter weißer Männer« – ich überzeugt bin. Denn die Entwicklung bringt nicht nur den Frauen, sondern allen Menschen Vorteile. Aber wer kann das am Ende wissen? Es hat in der Geschichte schon so manche Rückschläge gegeben.

War und ist es also doch ein bürgerlicher Feminismus, dem es um Veränderungen innerhalb des Systems geht? Wir haben bald aufgehört, darüber nachzudenken. Das Etikett war uns nicht mehr wichtig. Wir haben an die bestehenden Verhältnisse angeknüpft, die Missstände benannt und versucht, sie zu ändern. Wir haben dabei auf jene Formen des Widerstands zurückgegriffen, die uns jeweils zur Verfügung standen und stehen. Jede an ihrem Platz.

Die einen haben mithilfe ihrer Sozialarbeit aufgezeigt, dass Frauen misshandelt, geschlagen, psychisch unter Druck gesetzt, vergewaltigt und ermordet werden, die anderen haben mit ihnen auf der Straße dagegen protestiert. Viele haben geschrieben, Interviews geführt, Filme gedreht, fotografiert, Kunst geschaffen. Andere an den Universitäten unterrichtet und geforscht. Und nicht wenige übernahmen und übernehmen politische Ämter, werden Außen- und Verteidigungsministerinnen, streiten in den Parlamenten und sorgen in internationalen Organisationen für neue Regeln, die es zugunsten von Frauen und Minderheiten in der gesamten Menschheitsgeschichte in dieser Form noch nie gegeben hat.

Frauen, ob sie sich als Feministinnen verstehen oder nicht, werden Anwältinnen, Ärztinnen, Unternehmerinnen, Astronautinnen und leisten Großartiges in bislang überwiegend Männern vorbehaltenen Bereichen. Sie erhalten, wenn auch immer noch in der Minderzahl, Nobel- und Literaturpreise und finden Anerkennung für ihr Engagement für den Frieden und gegen die Zerstörung der Umwelt. Und sie haben auch die Sprache verändert, bis hin zum Gendersternchen. Das generische Maskulinum ist im Deutschen zum Aussterben verurteilt. Was früher von mutigen Einzelkämpferinnen erstritten werden musste, wird heute als das legitime Recht von Frauen anerkannt – auch wenn viele der Prominenteren, vor allem, wenn sie nicht *weiß* sind, in den sozialen Medien Hassattacken ausgesetzt sind. Doch überall, wo Ungerechtigkeiten an die Öffentlichkeit dringen, finden sich auch Männer, die zusammen mit den Frauen den Kampf aufnehmen.

All dies knabbert an den althergebrachten Formen des patriarchalen Kapitalismus, der, wie es sich erwiesen hat, ungeheuer anpassungsfähig ist. Der Überfall Russlands auf die Ukraine hat allerdings eine »Zeitenwende« eingeleitet, die zu einer Militarisierung der Gesellschaften und zu einer weltweiten Rüstungsspirale führen wird, mit weitreichenden genderpolitischen Folgen.

Schon das Jahr 2021 war ein Rekordjahr, was die weltweiten Militärausgaben anbelangte. Noch nie haben die Staaten der Welt so viel in ihre Streitkräfte und Rüstung investiert. Gleichzeitig haben nach Einschätzung der Menschenrechtsorganisation Amnesty International die Rechte von Frauen und Mädchen 2021 deutliche Einschnitte erlitten. Die Aufhebung des Grundsatzurteils zum Recht auf Abtreibung von 1973 durch den Supreme Court der USA ist eine Entscheidung mit weltweiter Signalwirkung.

»Krieg bedeutet immer soziale Regression«, sagt die belarussische Philosophin Olga Shparaga.[9] »Das Patriarchat lebt von ungleichen Machtverhältnissen, und diese werden im Krieg deutlich verstärkt.« Eine Epoche der Helden ist angebrochen. Und »wo Helden sind, sind die Vergewaltigungen und Toten nicht weit«[10] – da stimme ich mit Alice Schwarzer überein. Es sind nicht nur die »Feinde«, die Frauen unsicherer machen, sondern auch die Männer und Söhne, die traumatisiert und militarisiert aus dem Krieg zurückkehren.

Die Rede von einer feministischen Außenpolitik, die – erhebliche Zeit nach Schweden und Kanada – erstmals im Koalitionsvertrag der Bundesregierung verankert ist, wird von rückwärtsgewandten Politikern belächelt. Sie gründet auf der Überzeugung, dass Geschlechtergerechtigkeit und gleichberechtigte Teilhabe Voraussetzung sind für nachhaltigen Frieden und Sicherheit in der Welt. Die Sicherheit von Menschen und nicht von Staaten in den Mittelpunkt von Friedensverhandlungen zu stellen ist jedoch keineswegs lächerlich, sondern menschlich. Vor 22 Jahren wurde die Resolution 1325 des UN-Sicherheitsrates (»Frauen, Frieden und Sicherheit«) verabschiedet, die die Teilhabe von Frauen in kriegerischen Konflikten und bei Friedensverhandlungen im Völkerrecht verankert. Doch bis heute waren Frauen weltweit nur zu 13 Prozent an Friedensverhandlungen beteiligt.[11] Von Russland und der Ukraine ist garantiert nichts in diese Richtung zu erwarten.

Mir selbst sind von meinem Aktivismus in Wien wenige Freundinnen geblieben. Abgesehen davon, dass einige schon gestorben sind, hat die wichtigste Periode meines Lebens in meinem sozialen Umfeld geringe Spuren hinterlassen. Auf meine Bücher erhalte ich keine Reaktionen von meinen einstigen Mitstreiterinnen. Über den Grund kann ich nur mutmaßen. Ist es, weil ich das – ohnehin nicht mehr bestehende – Kollektiv verlassen und mir im Ausland als schreibende Feministin einen Namen gemacht habe? Ist es, weil ich versucht habe, mich mit einer – wenn auch gescheiterten – Kandidatur für die Grünen in die von Männern getragene parlamentarische Politik einzumischen? Ist es, weil ich Wien verlassen habe, was dort nicht gern gesehen wird, namentlich wenn man sich zum großen Bruder Deutschland begibt?

Gewiss hat es auch damit zu tun, dass ich selbst wenig dafür getan habe, die Kontakte aufrechtzuerhalten. Unsere »Sisterhood« trug nur so lange, wie wir gemeinsam Widerstand geleistet haben. Danach verstreuten uns unsere unterschiedlichen Lebenswege wieder in alle Winde.

Sichtbare Spuren

Als ich vierzig war, hatte ich eine Krise. Nun wäre es vorbei mit der Jugend, mit der Liebe, mit dem Sex, dachte ich. Ich schrieb ein offenherziges Buch mit dem Titel *Jenseits der Träume. Frauen um Vierzig.* Auf dem Autorinnenfoto sehe ich verhärmt aus, angespannt, unglücklich. »Mit 40 zählt man schon die Jahre«, sagt eine Frau, die ich für das Buch interviewte. »Jetzt noch 10 Jahre, und dann bist du 50, und es geht schon so einem Ende zu.«[1] »Ich bin unsichtbar geworden«, titelte der *Spiegel* 1984 über *Frauen um Vierzig*.

Die dänische Schriftstellerin Karen Michaëlis veröffentlichte 1910 einen Roman über eine Vierzigjährige mit dem Titel *Das gefährliche Alter*. Als die Autorin ihrem alten Freund, dem norwegischen Dichter Bjørnstjerne Bjørnson, der damals in seinen Siebzigern war, von ihrem Plan erzählte, einen Roman über eine Frau in den Wechseljahren zu schreiben, antwortete dieser: »Seien Sie bitte nicht beleidigt. Aber Sie können doch nicht erwarten, dass sich ein Mann für einen Roman interessiert, dessen Heldin eine vierzigjährige Frau ist.«[2]

Das Buch wurde ein Bestseller. »Niemand hat bisher jemals laut die Wahrheit ausgesprochen, dass die Frau mit jedem Jahr, das vergeht – wie wenn der Sommer kommt und die Tage länger werden –, mehr und mehr Weib wird«, schreibt die Protagonistin des Romans an ihre Cousine. »Sie erschlafft nicht in dem, was ihr Geschlecht betrifft, sie reift bis tief in den Winter hinein. Aber die Gesellschaft zwingt sie, einen falschen Kurs zu steuern. Ihre Jugend darf nur bestehen, solange die Haut glatt und der Körper verlockend ist. Sonst gibt sie sich dem boshaften Gelächter preis.«

Der Roman ist nicht ermutigend, denn die vierzigjährige Heldin, die zwar »mehr und mehr Weib wird«, trennt sich von ihrem Mann und zieht sich auf eine einsame Insel zurück. Außerhalb der Gesellschaft und vor allem ohne Männer will sie den »Übergangsjahren« die Stirn bieten. Aber immerhin: Sie handelt.

Schaue ich mir heute vierzigjährige Frauen an, erscheinen sie mir jung, frisch und voller Unternehmungslust. Von »Übergangsjahren« keine Spur. Ich habe nicht das Gefühl, dass sie sich mit Problemen herumschlagen, die mir und meinen Interviewten damals zusetzten. Hat sich in den letzten vierzig Jahren etwas verändert? Zweifellos. Heute scheinen viele Frauen erst mit sechzig anzufangen, sich ernsthaft mit dem Alter auseinanderzusetzen.

Ein Einschnitt ist für viele dennoch die Menopause. Das von der Journalistin Silke Burmester gegründete *Online-Magazin für Rausch, Revolte, Wechseljahre* Palais F*luxx richtet sich an Frauen ab 47. Die Selbstdarstellung: »Als würde es nicht reichen, dass sich mit dem Eintritt der Wechseljahre so vieles in unserem Leben verschiebt, dass Gewohntes nicht mehr greift und sogar mit unserem Körper ein neuer Umgang erlernt werden will, hält auch die Gesellschaft Ungewohntes bereit: Sie verliert uns aus dem Blick. Sie sieht uns nicht mehr. Mitunter übersieht sie uns. Je älter die Frau, desto blinder die Welt um sie herum. Dabei sind wir so kraftvoll wie selten in unserem Leben. In unserer Freude und Lust, unserer Entschlossenheit, in unserer Trauer und unserem Zorn. Und vor allem in unserer Kreativität. Wir schreiben, formen, malen, dichten, organisieren, fotografieren. Wir setzen unser Ich neu zusammen. Diese Fülle, diese Kraft und diese Agilität gilt es abzubilden. Der Gedanke ist einfach: Wenn die Gesellschaft den Scheinwerfer nicht mehr auf uns richtet, tun wir es eben selbst. Palais F*luxx ist die Plattform, die das tut. Ein virtuelles Haus für uns Frauen, das uns in unserer Fülle abbildet. In dem, was wir erschaffen, und dem, was wir denken. Ein Ort, an dem Zweifel und Unsicherheiten ebenso Platz finden wie die Schönheit unserer Körper, unserer Sexualität und der Spaß daran, auf Zuschreibungen zu pfeifen.«

Bei Filmrollen für Liebhaberinnen beträgt die Schallmauer allerdings immer noch vierzig Jahre. Während Frauen im realen Leben – wie ich – noch im Alter von über sechzig Liebespartner suchen und bisweilen auch finden, glaubt die Filmindustrie weiterhin, extrem ungleiche Liebespaare abbilden zu müssen – er über fünfzig, sie unter dreißig. Wenn das Filmskript einmal andere Prioritäten setzt, ist das immer noch eine Sensation. Elisabeth Lechner berichtet von einer Analyse von über 2000 Filmskripten, in denen Redezeiten analysiert werden. Dabei habe man festgestellt, dass die Redezeiten in Filmen für männliche Schauspieler ab vierzig signifikant ansteigen, während sie für Frauen signifikant abnehmen.[3] Am meisten dürfen Frauen im Film also sprechen, solange sie jung und schön sind. (Und vielleicht noch gar nicht so viel zu sagen haben.)

»Warum wir die sichtbaren Spuren eines gelebten Lebens feiern, statt abwerten sollten«, lautet eine Kapitelüberschrift in Elisabeth Lechners Buch *Riot, Don't Diet! Aufstand der widerspenstigen Körper*.[4] Sie plädiert für eine

Mein sechzigster Geburtstag, Coroico, Bolivien, 1. Januar 2003

»radikale Body Positivity, die inklusive Schönheitskonzepte entwirft und mehr Menschen Zugang zu dieser vorteilhaften Kategorie verschafft«[5], und versteht Schönheit als »patriarchalkapitalistisches Konstrukt *weißer* Vorherrschaft, das in besonderem Maße Frauen unterdrückt und den beauty-industrial complex, also die Schönheitsindustrie, aufrechterhält«.[6]

Lechner hat allerdings leicht reden. Sie ist weiß, jung, attraktiv und blitzgescheit. Ihr zuzuhören und zuzuschauen ist ein reines Vergnügen. In einer Zeit der »Intensivierung des Schönheitsdrucks« schreibt sie über den Anspruch dicker, behinderter, behaarter, genderqueerer, schwarzer, indigener und alter Körper auf Schönheit, ohne selbst von einer solchen Stigmatisierung betroffen zu sein. Selbst im Alter wird sie sich – wie auch ich selbst – vermutlich ein gewisses Maß an »Schönheit« bewahren können. Das weiß sie natürlich auch selbst. »Wer kann es sich leisten, sich dem körperlichen Verfall entgegenzusetzen, medizinisch

bestmöglich vorzusorgen und ästhetisch alle altersbeding-
ten Veränderungen zu kaschieren? Eine privilegierte Elite.«[7]

Wie sagte doch Hengameh Yaghoobifarah gewohnt tref-
fend in der *taz*: »Deshalb reicht eine bloße Kritik an Body
Shaming nicht aus. Damit alle Körper frei sind, braucht es
eine andere Welt.«[8]

»Verrunzelt. Haut wie ein alter Waschlappen.« So brutal
beschreibt sich Geraldine Chaplin mit 71 Jahren in einem
Interview mit der Zeitung *Die Welt*.[9] »Hey, schauen Sie
mich an: So sieht es nun mal aus. Ich ekele mich ja vor mir
selbst. Ich hasse mich. Nicht die Person Geraldine, aber
meinen Körper.« Im Interview geht es um den Film *Sand
Dollars*, in dem Chaplin eine Art Sugar Mummy spielt, mit
der sich die junge Dominikanerin Noeli einlässt, weil sie
arm ist und Geld braucht. »Was für ein Schock für die
Arme, musste ich immer denken, wenn ich nackt vor Noeli
stand. Es muss sie doch anwidern, abstoßen. Es hat mich
große Überwindung gekostet, weil ich so alt bin. Ist doch
klar. Wer alt ist, wird ins gesellschaftliche Aus katapultiert,
machen wir uns nichts vor. Das Gemeine am Alter ist ja,
dass sich Verlangen und Verfall nicht synchron entwickeln.
Ein 70-Jähriger begehrt keine 70-Jährige. Der Durst nach
Jungem bleibt, während man selber in dieser verblühenden
Hülle steckt.«

Davon hätte vor allem ihr berühmter Vater Charlie
Chaplin ein Lied singen können. Er hat mit vier Ehefrauen elf Kinder gezeugt, das letzte im Alter von 73 Jahren,
und sich um seine verblühende Hülle wohl keine Sorgen
gemacht. Noch ist allerdings auch Geraldine Chaplin als
Schauspielerin gefragt. »Fast alle lassen sich ja heutzutage
operieren. Zum Glück! Denn damit bin ich nun auf der
Hotlist der Grannys gelandet: die liebe, die fiese, die durch-

geknallte Alte – und neuerdings sogar auch für Horror-filme zugelassen. Ist doch toll! So bewegt sich die natür-liche Abwärtsspirale für schimmelnde Schauspieler.«

So zynisch negativ sehe ich mich selbst nicht, aber ich bin auch keine Schauspielerin. Ich hadere zwar, seit ich vierzig bin, mit meinem »verblühenden« Körper, doch mit bald achtzig Jahren habe ich mich irgendwie mit ihm ab-gefunden, ja, bisweilen sogar versöhnt. Mein großer Bade-zimmerspiegel zeigt gnadenlos meinen Körper fast bis zu den Knien. Ich muss ihn also mindestens einmal täglich ansehen, lieber am Morgen nach dem Aufstehen, wenn die Schwerkraft noch nicht so stark wirkt.

Ich sehe meinen Körper, die schlaffen Oberarme, die Fettwulst dort, wo mein Bauch einmal flach war wie ein Brett, die schwerer gewordenen Brüste, weil die Milch-drüsen sich nach der Menopause in Fettdrüsen umwan-deln; die raue Haut an dem, was einmal mein Dekolleté war, die Alterswarzen an verschiedenen Stellen des Körpers, die Flecken im Gesicht und an den Händen. Und trotzdem denke ich manchmal, wenn auch einigermaßen resigniert: Nicht so schlecht – für mein Alter. Dieses Satzanhängsel hilft mir über vieles hinweg. Ich bin noch ziemlich fit – für mein Alter –, denke ich, wenn im Schwimmbecken Jüngere an mir vorbeiflitzen. Auf meinem E-Bike bin ich im Vorteil, genieße den Triumph, mithilfe meiner Motorunterstützung jüngere Radfahrerinnen überholen zu können.

Wenn ich mich zum Ausgehen schminke, die Flecken an der linken Wange überdecke, die schütter geworde-nen Augenbrauen nachziehe und den Mund rot anmale, betrachte ich mich mit Genugtuung durch mein rotes Bril-lengestell im Spiegel: nicht so schlecht für mein Alter. Fast keine Falten. Natürlich sage ich mir das nur selbst, denn andere sehen mich nicht, vor allem Männer nicht. Doch kürzlich sagte mir eine schöne junge Frau, Mitte dreißig und schwanger: Ich finde, du siehst sexy aus. Ich hab's ihr nicht wirklich geglaubt, aber gefreut habe ich mich trotzdem. Manchmal fühle ich mich sexy, auch wenn es mir nichts nützt. Aber die bloße Tatsache, dass in einem Körper mit Ende siebzig noch Leben pulsiert, ist beruhigend.

Der Spiegel. Wie viele Stunden, Tage, Wochen, Monate habe ich in meinem Leben vor dem Spiegel zugebracht? Der Spiegel war – und ist – mein größter Feind. Welche Zeitverschwendung! *Aesthetic Labour* nennen es die drei Forscherinnen Elias, Gill und Scharff, »ästhetische Arbeit«. Sie meinen damit das kosten- und zeitintensive Produzieren und Aufrechterhalten von Schönheit und die Beschäftigung mit mediatisierter Körperlichkeit aller Art.[10] Was wäre wohl ohne Spiegel aus mir geworden? Was hätte ich mit der gewonnenen Zeit anfangen können?

Der Blick in den Spiegel dient der Selbstvergewisserung, insbesondere in der Jugend, wenn wir noch nicht wissen, wer wir sind. Doch Frauen erfahren vom Spiegel nicht, wer sie wirklich sind. Wir sehen in unserem Spiegelbild vor allem unsere Mängel, die Abweichungen von dem, was uns als Idealbild vorgehalten wird und wie wir uns gern sehen würden. Der Blick, den wir auf uns selbst im Spiegel werfen, ist nicht unser eigener, sondern einer von außen, oft ist es der verinnerlichte männliche Blick. Das hält die Kosmetikindustrie am Laufen.

Als Jugendliche habe ich mich vor allem mit meinem Gesicht beschäftigt, das wegen der Akne nicht so schön war, wie es hätte sein können. Mein Körper war eher eine Selbstverständlichkeit. Ich kann mich nicht erinnern, das Besondere seiner glatten Schönheit wahrgenommen zu haben, so wie ich sie jetzt bei jungen Frauen bestaune. Mein Körper war einfach jung, schlank und kräftig. Als mich ein italienischer Liebhaber im Hotelzimmer von oben bis unten musterte und bewundernd »Du bist fast perfekt« sagte, war ich nicht überrascht, fühlte mich aber auch nicht besonders geschmeichelt.

Als in den späten Sechzigerjahren an der Alten Donau in Wien bei meinen linken Genossinnen und Genossen FKK beliebt war, bewegte ich mich frei und ohne Scham in meinem nackten Körper. »Der Körper, den wir im Schmerz und vor allem im Altern [...] erst so recht entdecken [...] – der Körper ist so gut wahres Ich, wie die Zeit es ist, die der Alternde in sich geschichtet hat«, schreibt Jean Améry in seinem Buch *Über das Altern*.[11]

Mit vierzig beobachtete ich in der Sauna die alten Frauen und fragte mich voller Angst: Kann ich mit schütterem und ergrautem Schamhaar noch sexuell anziehend sein? Kann ich mit einem alten Körper noch Liebe finden? Gleichzeitig stellte ich bewundernd fest, wie selbstbewusst sich diese Frauen bewegten, wie breitbeinig sie dasaßen, so wie Frauen eigentlich nie sitzen sollten. Sie schienen mit der schwindenden körperlichen Attraktivität die sie einengenden Konventionen abgestreift zu haben.

Ich erinnere mich, wie mich meine Mutter, als ich sechs oder sieben war, in der Straßenbahn ermahnte, meine Knie nicht zu spreizen. Ich fragte sie, warum. Sie gab mir keine Antwort. Obwohl ich nicht so genau wusste, was sie meinte, habe ich es mir gemerkt. Heute weiß ich von meiner Feldenkrais-Therapeutin, dass breitbeiniges Sitzen, *manspreading*, gut ist für meine Hüften.

Was ich in der Sauna mit vierzig mit leichtem Schaudern als meine Zukunft erblickt habe, das allmähliche

Erschlaffen des Körpers, die Zunahme des Fettgewebes, die Besenreiser, die geschwollenen Knie, all das ist mittlerweile eingetreten. Die Haut führt ein seltsames Eigenleben. Mit einem Mal bildet sich eine Warze, juckt, springt auf, fängt an zu bluten, doch wenn ich mich entschließe, den Hautarzt aufzusuchen, ist sie ebenso schnell wieder verschwunden, wie sie gekommen ist.

Wie fühlt sich das alles an? Wenn ich keinen Spiegel vor mir habe und keine fünf Stockwerke erklimmen muss, ist es eigentlich wie immer. Wenn ich im Bett liegend meinen Körper entlangstreiche, ist es immer noch mein Körper, der sich gern berühren lässt, der Lust verspürt, der die Mattigkeit nach einer anstrengenden Radtour genießt, der es mag, einfach nur dazuliegen und sein eigenes Gewicht zu fühlen. Der Spiegel jedoch zeigt mir den Alterungsprozess in all seiner Grausamkeit: die Orangenhaut, den runder werdenden Nacken, die Schlupflider, die zwanzig Kilo, die ich seit meiner Jugend zugenommen habe. Bin das noch ich?

Ich versuche, mir mein Gewicht und die (schwindende) Kraft meines Körpers zu erhalten, so gut es geht, quäle mich mit Intervallfasten, besuche mit abnehmender Frequenz das Fitness-Center, schwimme und fahre Rad. Aber ich weiß, dass es sinnlos wäre, mich an meinem früheren Ich oder an den Körpern junger Frauen zu messen, obwohl sich dieser Gedanke gegen meinen Willen immer wieder einschleicht. Natürlich ziehe ich mich lieber an als aus. Und ich weiß, dass es bergab geht. Es ist eine Bewegung auf den Tod hin. Deshalb wollen die meisten Menschen sich das Alter – auch das der anderen – vom Leib halten.

Doch ich habe im Alter auch etwas dazugewonnen, das mir in jungen Jahren schmerzlich gefehlt hat: Selbstsicherheit. Ich weiß jetzt, was ich geleistet habe und was ich kann.

Ich kenne meine Stärken und Schwächen. Und ich habe endlich die Freiheit, das Leben mit all seinen Angeboten ohne Hintergedanken und Ängsten zu genießen: Schreiben, ein gutes Essen, die Schönheit der Natur, den Wind in den Haaren, den Regen im Gesicht, die Lektüre, Freundschaften, Reisen, Kino, Kochen, neue Erkenntnisse und Einsichten.

Über mein Aussehen brauche ich mich nicht mehr zu definieren. Was ja auch in jungen Jahren grundfalsch war – und doch unausweichlich. Aber »dem Blick und dem Urteil der Anderen entgehen wir nicht«[12], schreibt Améry. Das stimmt. Trotzdem bin ich, um mit Karen Michaëlis zu sprechen, gegen Ende fünfzig »mehr und mehr Weib« geworden, habe in diesem Alter den Höhepunkt meiner Sexualität erlebt.

Was jedoch trotz aller Lebensfreude eintritt, ist ein gewisser »Weltverlust«. Mit seiner Analyse des »sozialen Alterns« bringt Améry auf den Punkt, was ich derzeit auch selbst erlebe: »Im Leben eines jeden Menschen gibt es einen Punkt Zeit [...], wo er entdeckt, dass er nur ist, was er ist. Mit einem Mal, so erkennt er, bewilligt die Welt ihm nicht mehr den Kredit seiner Zukunft, sie will sich nicht mehr darauf einlassen, ihn als den zu sehen, der er sein *könnte*. [...] Er findet sich – nicht aus eigenem Urteil, sondern als Spiegelbild des Blicks der Anderen, das aber alsbald von ihm interiorisiert wird – als Geschöpf ohne Potentialität. Niemand fragt ihn mehr: Was wirst du tun? Alle stellen fest, nüchtern und unerschütterlich: *Das* hast du schon getan.«[13]

Das spüre auch ich. Ich bin die Autorin von *Aimée & Jaguar*, erschienen 1994. Wer dieses Buch mit der alten Frau verbindet, die ich seit damals geworden bin, interessiert sich eine Weile für mich, weil ich immerhin dieses Buch geschrieben habe, das viele Frauen zutiefst berührt hat. Doch ich werde selten gefragt, was ich noch vorhabe, und werde auch viel seltener als früher angerufen, die Freundschaften zerfasern. »Der Blick der Anderen, der durch ihn hindurchgeht wie durch eine transparente Materie, macht ihn zunichte. [...] auf die Dauer wird die Unscheinbarkeit unleidlich, der Mensch strebt danach, für die anderen zu existieren«[14], schreibt Améry. Ja, der Mensch will gesehen werden. Wenn ich zu einer Lesung oder einem Podium eingeladen werde, blühe ich auf.

Eine, die der Welt verlustig gegangen ist, ist nicht mehr anregend. Die Zukunft gehört nicht mehr mir. Und vieles interessiert mich nicht mehr. Ich verstehe auch nicht alles in dieser sich rasant wandelnden Welt. Die Masse der auf mich einströmenden Informationen überfordert mich. Gewiss bin ich da nicht die Einzige, auch Jüngere kommen häufig nicht mit dem Überangebot zurecht, das das Internet für sie bereithält, aber für uns Alte ist es eben noch um einiges schwieriger. Und wiederum auch leichter, weil es nicht mehr wichtig ist, weil wir nicht mehr wichtig sind.

Doch ich klage nicht. Ich nehme es zur Kenntnis als unvermeidliche Folge des Alterns, die es immer schon gegeben hat, auch wenn sich heute die uns umgebende Welt mit viel größerer Geschwindigkeit verändert. Wenn ich die Atemlosigkeit beobachte, mit der junge Menschen leben (müssen), die Menge an Material, die sie täglich verarbeiten, dann genieße ich das Recht, mich nicht mehr für alles interessieren zu müssen.

Inmitten der Veränderungen ist aber auch vieles gleichgeblieben. Die Gewalt gegen Frauen etwa wiederholt sich auf ermüdende Weise immer und immer wieder. Aber mir fehlt die Frische der Empörung, die den Jungen die Energie gibt, dagegen anzukämpfen.

Jean Améry, der österreichische Jude, geboren als Hans Mayer und Überlebender von Auschwitz, Mittelbau-Dora und Bergen-Belsen, der sich 1978 im Alter von 66 Jahren in Salzburg das Leben nahm, war wohl nicht nur aus Altersgründen der Welt verlustig gegangen. »Im Alter werden wir zum weltlosen inneren Sein reiner Zeit«[15], schrieb er. Und die Zeit, die in ihm ruhte, war besonders grausam und zerstörerisch. Die Zeit in mir ist optimistischer, hoffnungsvoller als die gegenwärtige. Das macht mich traurig und gibt mir keinen Frieden. Anders als meine Mutter sage ich nicht »Nach mir die Sintflut«. Ich würde gern in dem Bewusstsein sterben, dass die Welt im Laufe meines Lebens ein besserer Ort geworden ist.

Feilen an den Sätzen

Der junge israelische Pianist war begeistert, eine »deutsche« Schriftstellerin kennengelernt zu haben. Ich wiederum starrte in der Kneipe fasziniert auf seine schmalen Finger und dachte voller Ehrfurcht daran, wie flink sie bei Debussy und Beethoven über die Klaviatur des Steinways geflogen waren. Wir haben uns gegenseitig bewundert. Das war schön.

Da so viele Menschen davon träumen, ein Buch zu schreiben, und eine Autorin mit einem gewissen Nimbus behaftet ist, ist es vielleicht angebracht, ein paar Worte über das Schreiben zu verlieren. Bei mir hat sich diese Eignung erst allmählich herausgebildet und entspringt keineswegs einer alles verzehrenden Leidenschaft. Ich wusste nicht wie die US-amerikanische Schriftstellerin Ann Patchett schon mit sechs Jahren, dass ich Bücher schreiben wollte. Ein so vermessener Gedanke wäre mir auch mit über dreißig noch nicht in den Sinn gekommen.

In der Schule habe ich leidlich gute Aufsätze geschrieben, mehr nicht. Der damalige Deutschunterricht war auch nicht dazu angetan, kreatives Schreiben zu fördern. Eher ging es um analytisches Denken und die Fähigkeit, einen Gedankenstrang gut organisiert und verständlich zu Papier zu bringen: Einleitung – Hauptteil – Schluss. Darin war ich gut, und manchmal half mir mein Vater dabei. Ich habe viel von ihm gelernt. Einmal habe ich bei einem europäischen Schülerwettbewerb eine Reise gewonnen. Eine bunte Truppe von Preisträgerinnen und Preisträgern aus ganz Europa wurde im Bus durch Südfrankreich gekarrt. Ich freundete mich mit der Französin Bénédicte an und verliebte mich in den Italiener Paolo.

An meine diversen Flammen in aller Welt schrieb ich Briefe, auf deren Stil ich achtete. Mein amerikanischer Freund wurde mit einer Passage über ein paar Strümpfe bedacht, die in unserem Nebenhaus am Fenster zum Trocknen aufgehängt waren und sich im Wind ineinander verschlangen. Bisweilen schrieb ich Tagebuch. Wenn ich meine Liebesdramen schriftlich festhielt oder anderen erzählte, gelang es mir, meine unglücklichen Begegnungen in amüsante Erzählungen zu bannen, die nur noch wenig mit mir selbst zu tun hatten und mich nicht mehr schmerzten.

Journalistisch zu schreiben habe ich in unserer feministischen Hauspostille *AUF – Eine Frauenzeitschrift* begonnen. Da merkte ich, dass das Schreiben mir Spaß machte und mich meine Fähigkeit, kompliziertere Zusammenhänge allgemein verständlich wiederzugeben, befriedigte. Über den Kontakt mit Journalistinnen, die mich als feministische Aktivistin interviewten, schlitterte ich in den Beruf der Journalistin.

Eine Redakteurin des Österreichischen Rundfunks führte mich in die Welt des Radiojournalismus ein. Das Radio, bei dem das eigentliche Schreiben eher eine Nebenrolle spielt, wurde zu meiner Leidenschaft. Gern hätte ich, eine typische Quereinsteigerin, eine solide Ausbildung genossen, um technisch komplizierte Hörspiele produzieren zu können. Die Arbeit mit der Cutterin am Schneidetisch und die Aufnahmen im Hörstudio gehören zu beglückenden Erfahrungen meines Berufslebens. Noch heute versetzen mich das Betreten eines Studios und das Aufsetzen des Kopfhörers für ein Interview in Euphorie. Das Adrenalin bewirkt eine maximale Konzentration, die es mir ermöglicht, flüssig zu sprechen und mich nie zu verhaspeln, wie es mir im Alltag häufig passiert.

Da die Techniker des Österreichischen Rundfunks in den Achtzigerjahren ihre Arbeitszeit gern in der Kantine verbrachten, lernte ich, meine Tonaufnahmen selbst zu schneiden; erst die großen BASF-Tonbänder, später zu Hause am Computer mit einem Schnittprogramm. Stundenlang konnte ich mich in die Stimmen der von mir interviewten Personen versenken, ihrer Atmung lauschen, um dann durch Herausschneiden und Einfügen von Satzteilen an anderer Stelle ein perfektes Tongebilde zu schaffen. Wenn dann gerade jene Stelle des Interviews, die mir besonders am Herzen lag, vom Redakteur entfernt wurde, empfand ich das als Katastrophe. Eine dergestalt verstümmelte Sendung konnte ich mir kein zweites Mal anhören. Sie war nicht mehr meins.

Zwischen meiner Arbeit für den Hörfunk schrieb ich Artikel und Kommentare, meistens zur feministischen Bewegung und zu Frauenthemen. 1976 fand in Brüssel das viel beachtete Internationale Tribunal zu Gewalt gegen Frauen statt, an dessen Vorbereitung ich in Paris mitgearbeitet hatte. Behandelt wurden alle Formen der Gewalt, von der sexuellen Belästigung über die Gewalt in der Psychiatrie bis zur Genitalverstümmelung. Eine Frau nach der anderen aus der ganzen Welt trat ans Podium und sprach – oft zum ersten Mal in ihrem Leben – vor einem großen Publikum, das atemlos zuhörte, über ihre erlittenen Qualen. Es waren fünf ergreifende Tage. Bei der

Pressekonferenz sprach ich über das Recht von Frauen auf Selbstverteidigung, wenn es sein musste, eben auch gewaltsam. Das erregte Interesse. Anschließend wurde ich von der ARD für die »Tagesthemen« interviewt.

Kurz darauf rief mich eine Lektorin des Verlags Kiepenheuer & Witsch aus Köln an und fragte mich, ob ich ein Buch zum Thema Gewalt gegen Frauen schreiben wollte. Der Anruf leitete meine Tätigkeit als Buchautorin ein. Damals war ich aber in erster Linie erschrocken. Ich traute mir nicht zu, ein Buch zu schreiben, hatte noch nie daran gedacht; aber immerhin sagte ich nicht gleich ab. Ich war 36 Jahre alt – heutzutage werden Bücher von Leuten in ihren Zwanzigern geschrieben. Weil ich es mir allein nicht zutraute, schrieb ich das Buch *Gewalt gegen Frauen* schließlich zusammen mit zwei akademisch ausgebildeten Kolleginnen, die mir geeignet schienen, das Unterfangen mit mir umzusetzen.

Das war ein Fehler, und es wurde kein gutes Buch. Aber nun wusste ich, was mich auszeichnete: die Fähigkeit, mich in einer schnörkellosen Sprache auszudrücken, deren Ziel es ist, verstanden zu werden. Das hatte ich als Journalistin gelernt sowie die Bereitschaft, wo immer nötig zu kürzen und überflüssige Adjektiva zu meiden. Von da an schrieb und übersetzte ich regelmäßig für den Verlag Kiepenheuer & Witsch, darunter einige Werke der angesehenen US-amerikanischen Feministin Kate Millett.

Mein persönlicher Durchbruch kam mit dem Buch *Aimée & Jaguar*, das 1994 veröffentlicht wurde. Es war dieselbe Lektorin – Erika Stegmann –, die mich damals in Brüssel angerufen und damit den Stein meiner Laufbahn als Autorin ins Rollen gebracht hatte, die mir das Projekt vorstellte. Ein in Berlin lebender Amerikaner hatte ihr die

Liebesgeschichte zwischen der Nazi-Mitläuferin Lilly Wust und der im Berliner Untergrund lebenden jungen Jüdin Felice Schragenheim angeboten. Erika fragte mich, ob mich die Geschichte interessieren würde. Und ob! Ich war sofort begeistert, verband sie doch mein Engagement für die Frauen mit meinem jüdischen Hintergrund.

Die Arbeit an *Aimée & Jaguar* half mir, mich ausführlich mit meiner eigenen polnisch-jüdischen Familie zu befassen und mich über die Lage der Juden im Berlin der Nazizeit zu informieren. Ich lebte damals noch in Köln und lernte meinen späteren Lebensmittelpunkt Berlin über die Adressen kennen, die in der Geschichte der beiden Frauen eine Rolle spielten. Kaum jemand weiß etwa, dass im heute denkmalgeschützten Haus in der Französischen Straße 47 in Berlin-Mitte, in dem sich das Nobelrestaurant Borchardt befindet, das Judenreferat IV D1 untergebracht war. Hier ist auch keine Tafel angebracht. Als der WDR 1995 vor dem Haus und im Treppenhaus drehte, mussten wir uns verpflichten, die Hausnummer mit schwarzem Papier abzudecken. Welche Firma will schon mit dem Judenreferat in Verbindung gebracht werden. In dem noch unrenovierten Haus erinnerte sich Lilly Wust (»Aimée«) genau an den Raum, in dem sie am 13. Dezember 1944 verhört wurde.

Nach dem Erscheinen des Buches gestaltete ich zusammen mit einer Fotografin und einem Grafikdesigner eine großflächige Ausstellung: »Das kurze Leben der Jüdin Felice Schragenheim«. Es war mir ein Anliegen, das Leben der Jüdin in den Mittelpunkt zu stellen und die Liebesgeschichte zweitrangig zu behandeln. Die Ausstellung wurde an vielen Orten Deutschlands gezeigt, in Rathäusern und an Volkshochschulen, und von Schulklassen mit ihren Lehrerinnen und Lehrern besucht. Bei der jeweiligen

Eröffnung wurde ich zu Lesungen eingeladen und disku-
tierte mit dem Publikum. Das war nun meine politische
Arbeit.

Der Erfolg von *Aimée & Jaguar* machte mich selbstbewusster und erleichterte es mir, für weitere Buchprojekte
Verlage zu finden, erst bei Kiepenheuer & Witsch, dann
bei Rowohlt Berlin, im österreichischen Verlag Ueber-
reuter und schließlich beim Berlin Verlag. Die Arbeit an
dem Buch, in dem ich mich in einzelnen Kapiteln vom
Sachbuchstil wegbewegte, weckte in mir die Lust auf lite-
rarisches Schreiben. Viele Jahre hindurch übte ich in einer
kleinen Frauengruppe Woche für Woche kreatives Schreiben, stets in der Hoffnung, die Schwelle zum Roman über-
schreiten zu können.

Immer mal wieder war ich auch überrascht darüber,
was alles in mir steckte, welche Bilder ich heraufbeschwö-
ren konnte. Aber es reichte nie für den großen Wurf. Ich
musste schließlich einsehen, dass ich immer eine Sachbuch-
autorin bleiben werde. Das war zwar schmerzhaft, aber eine
wichtige Selbsterkenntnis, die mich ruhiger werden ließ. Es
gelingt mir nicht, vom Boden der Realität abzuheben. Ich
kann meiner Fantasie keine Flügel verleihen. Ich brauche
das gelebte Leben, mein eigenes und das anderer, die realen Ereignisse, die ich mit Recherche fülle und in ein zeit-
geschichtliches Umfeld stelle. Auf diese Weise konnte ich
meinen Leserinnen und Lesern mit der Liebesgeschichte
Aimée & Jaguar eine Menge über das gefährliche Leben
und die Ängste untergetauchter Jüdinnen und Juden in der
Nazizeit vermitteln.

Interessanterweise ist es mir jedoch gelungen, anderen
wenigstens kurzfristig das Fliegen zu lehren. Sechzehn
Jahre lang habe ich jeden Sommer im Rahmen der Öster-

Beim Signieren der tschechischen Übersetzung
von Aimée & Jaguar, Prager Buchmesse 2003

reichischen Sommerakademie auf der griechischen Insel
Zakynthos einige Wochen kreatives Schreiben unterrichtet. Als ich auf Empfehlung einer Freundin damit anfing,
war ich extrem unsicher und traute es mir ebenso wenig zu
wie damals das Buchschreiben, als mich Erika Stegmann
in Brüssel anrief. Die Unsicherheit meiner frühen Jugend
kehrt bei jeder neuen Herausforderung auch heute noch
wieder. Wie sollte ich, die ich es selbst nicht schaffe, lite-
rarisch zu schreiben, anderen das Schreiben beibringen?

Ich hatte jeweils zwei Stunden Zeit, und manchmal war
die Gruppe viel zu groß für das, was ich mir vorgenommen
hatte. Doch die entspannte Urlaubsatmosphäre und wohl
auch meine eigene Ausstrahlung nahmen den Kursteilneh-
mern ihre Beklemmung. Manche versuchten, zum ersten

Mal seit der Schule zu schreiben. Andere hatten jahrelang Tagebuch geführt. Wieder andere wollten sich einfach einmal ausprobieren. Es war Sommer, wir saßen unter einer Holzüberdachung im Freien, der Wind brachte die Blätter der Birkenfeigen und Oleanderbüsche zum Rascheln, die Zikaden zirpten, im Hintergrund rauschte das Meer, und manchmal lief eine Katze zwischen den Tischen über die Unterrichtsfläche.

Ich verteilte Karteikarten mit Worten, die sich zu Geschichten formen ließen, forderte die Leute auf, aus einem Packen Postkarten Bilder zu ziehen, die ihre Ideen in eine neue Richtung schicken sollten, gab ihnen Filmdosen, an deren Inhalt sie schnuppern konnten oder der schepperte, je nachdem, ob die altmodischen Plastikdöschen Kakao, Rosmarin oder Schrauben enthielten. Jedes Mal von Neuem war ich überrascht und begeistert, wie gut meine Anregungen funktionierten und welche erstaunlichen Texte manche Teilnehmerinnen und Teilnehmer in einer halben Stunde zustande brachten.

Anschließend wurden die Texte in der Gruppe vorgelesen. Ein junger Mann aus München schrieb am ersten Tag, wie ein Schüler eine Klassenarbeit schreibt. Ich tat nichts anderes, als ihm zu dem Versuch zu raten, am kommenden Tag seine Bravheit abzulegen. Mehr nicht. Er lieferte dann tatsächlich einen Text, der so anders war, dass er von einer anderen Person zu stammen schien. Der ganze Kurs staunte.

Einer der wenigen Männer, die meinen Kurs besuchten, zog eine Karte, auf der »Schläge« stand. Unter allen verfügbaren Worten, die ich auf Karteikarten geschrieben hatte, war es genau das richtige Wort für ihn. Als er seinen Text vorlas, hielten wir alle den Atem an, so ergreifend erinnerte er sich an die Schläge in seiner Kindheit.

Die Zusammensetzung meiner Kurse war sehr unterschiedlich: Einmal hatte ich drei Zahnärzte in der Gruppe, die ich anregte, sich ihren Berufsalltag zum Thema zu nehmen (was sie nicht mochten); häufig waren es ausschließlich Frauen, und es entstand zwischen uns eine besondere Nähe. Dann gab es aber auch wieder einen Kurs mit überwiegend männlichen Teilnehmern, die sich in ihren Texten auf eine Weise mit sich selbst auseinandersetzten, wie ich es von Männern nicht erwartet hätte.

Die meisten besuchten meinen Kurs nur einmal, also an fünf Tagen jeweils zwei Stunden. Die Vorstellungsrunde ersparte ich mir, dafür hatten wir keine Zeit. Die Texte sollten für sich sprechen.

Schon am zweiten Tag war in der Gruppe eine vertrauensvolle Stimmung entstanden, die es Einzelnen ermöglichte, Dinge aufzuschreiben, über die sie zuvor noch nie mit jemandem gesprochen hatten. Nicht selten flossen Tränen, die von der Gruppe einfühlsam aufgefangen wurden. Nach meinen zwei Kursstunden ging ich erschöpft an den Strand und staunte über das Wunder, das sich Tag für Tag in den Menschen vollzog. Ob Einzelne dazu angeregt wurden, nach dem Sommer weiterzuschreiben, weiß ich nicht, denn nach dem Kurs brach die intensive Beziehung, die sich innerhalb der fünf Tage aufgebaut hatte, schlagartig ab. Sicher jedoch ist, dass Denkprozesse eingeleitet wurden.

Ich selbst wurde von Jahr zu Jahr entspannter. Ich wusste nun, dass ich unterrichten konnte. Ob ich selbst eine fähige Schriftstellerin war, war für diese Aufgabe nebensächlich.

Bei meinem letzten Aufenthalt musste ich in die Universitätsklinik von Patras eingeliefert werden: Wegen eines

Hämatoms im Gehirn als Spätfolge eines Radunfalls in Berlin wurden mir zum Abfließen des Blutes zwei Löcher in den Schädel gebohrt. Ich sah damit den Augenblick für gekommen, mich von meiner Kursleiterinnentätigkeit zu verabschieden. Griechenland und seine liebenswürdigen Menschen sind uns aber so sehr ans Herz gewachsen, dass Massimo und ich kein Jahr ohne wenigstens einen Aufenthalt auf einer griechischen Insel verstreichen lassen.

Von meinen diversen Tätigkeiten, die ich im Laufe meines Lebens ausgeübt habe, sind mir nur noch das Schreiben und Übersetzen geblieben. Das Feilen an den Sätzen bereitet mir große Freude. Ich will, ja, ich muss weiterschreiben. Welcher Stoff meinen Weg noch kreuzen wird, wird sich weisen. Ungeduldig warte ich auf ihn.

Fleischlaberl & Paradeiser

»Wie kann eine Wienerin nach Neukölln ziehen?«, fragte
mich ein Taxifahrer entgeistert, als ich erwähnte, dass ich
1998 in die Nähe des Hermannplatzes gezogen war, dessen kulturelle und ethnische Vielfalt mich in ihren Bann
zog, sobald ich aus dem Schacht der U7 aufgetaucht war.
»Mir gefällt es hier«, war alles, was mir zu seiner Frage einfiel. »Wie kannst du nur in Berlin leben?«, fragte mich eine
Wiener Bekannte, »ich bekomme schon Heimweh, wenn
ich nur nach St. Pölten fahre.«

Ein solches Gefühl der Verbundenheit mit einem Ort
oder gar dem, was sich Heimat nennt, ist mir unbekannt.
Natürlich ist der Anfang in einer fremden Umgebung
schwer. Sogar das Einkaufen ist ein Spießrutenlauf. Heute
ist das Warenangebot so global geworden, dass auch Warschau, Athen oder Sarajewo wenig Überraschendes an-
zubieten haben. 1988 war das noch anders. Die Marmeladen
trugen Etiketten von mir unbekannten Firmen. Die Suche
nach den gewünschten Dingen war anstrengend, und erschöpft kehrte ich aus dem Supermarkt zurück.

Viele Lebensmittel heißen in Deutschland auch anders
als in Österreich. Fisolen sind »grüne Bohnen«, Melanzani
»Auberginen«, Erdäpfel »Kartoffeln«, Karotten in einigen
Regionen »Möhren«, Marillen »Aprikosen«, Rote Rüben
heißen »Rote Beete«, Vogerlsalat ist »Feldsalat«, der Karfiol
ein »Blumenkohl«, Kohlsprossen sind »Rosenkohl«, Kraut

ist »Kohl«, Fleischlaberl sind »Frikadellen« oder »Buletten«, Palatschinken »Pfannkuchen«, Kukuruz »Mais«, und natürlich versteht niemand Paradeiser, ein besonders schönes Wiener Wort für »Tomaten«. Ganz zu schweigen von der Semmel, die je nach Region auch in Deutschland unterschiedlich heißt, und vom Schlitten, der in Österreich eine Rodel ist. Und wer kennt hierzulande, also in Deutschland, schon das Wort Panik-Achterl? Das ist in Wien das letzte Achtel Wein, bevor das Gasthaus schließt.

Verglichen mit der Lage von Zuwanderinnen und Zuwanderern aus anderen Regionen, die kein Deutsch verstehen und vollkommen andere Lebensmittel gewohnt sind, war mein Problem jedoch eine Lappalie, die ich rasch hinter mich brachte.

Als ich jedoch bei meinem ersten Wienbesuch nach meiner Auswanderung nach Köln mitten im Gespräch mit meiner Freundin Susi in Tränen ausbrach, merkte ich erst, wie sehr mich der Alltag in der Fremde belastete und wie entspannend es war, mich auf vertrautem Terrain zu bewegen. Wann immer ich aus beruflichen Gründen Wien aufsuchen musste, versuchte ich, meinen Aufenthalt möglichst in die Länge zu ziehen, um Zeit für alle meine Freundinnen zu haben. Vollkommen ausgelaugt vom Überangebot an Sozialkontakten kehrte ich nach Köln und in mein zurückgezogenes Eheleben zurück. Im Laufe der Jahre haben sich die alten Freundschaften jedoch ausgedünnt, und ein Aufenthalt in Wien ist mir immer seltener ein soziales Bedürfnis. Ich habe begonnen, die Stadt als Touristin zu genießen, die engen, baumlosen Innenstadtgassen, den Volksgarten mit den üppigen Rosensträuchern, die prächtigen Portale und Stiegenhäuser der Barockpalais. Und natürlich die Kaffeehäuser.

Im »Kölner Exil« 1989

In den ersten Jahren hatte ich öfter in Wien zu tun. Mit
drei Kolleginnen aus Wien und Berlin bereiteten wir für
die Jahre 1992/1993 im Auftrag der österreichischen Frauenministerin Johanna Dohnal eine Veranstaltungsreihe zu
Gewalt gegen Frauen vor. Wir hatten vollkommen freie
Hand und konnten unsere Kreativität entfalten, wie es uns
beliebte, aus deutscher Sicht ziemlich ungewöhnlich. Wir
nannten die vier Konferenzen »Test the West. Geschlech-
terdemokratie und Gewalt« und luden Vortragende aus
Österreich, der Bundesrepublik, der Schweiz und den USA
ein.

Die letzte Veranstaltung der Reihe im November 1993
befasste sich mit dem Themenkomplex »Heimat«, für
den ich verantwortlich war. »Die Frauen bleiben wie die
Fremden ohne eigene Stimme.«[1] Auf diese Weise stellte die

Schweizer Philosophin Sidonia Blättler einen Zusammenhang zwischen Frauen und Fremden her. Die deutsche Literaturwissenschaftlerin Susanne Kappeler wählte für ihren Vortrag ein Zitat von Virginia Woolf: »Als Frau habe ich kein Land«, schränkte aber gleich darauf ein: »Auch wenn wir die Konstruktionen von Nationen oder ›Völkern‹ als das historische Werk von Männern betrachten, so sind Völker und Nationen, wie wir aus historischer Erfahrung wissen, dennoch keine schlichten Männerbündnisse, die Frauen außer Acht lassen, sondern ganz im Gegenteil Konstruktionen, die Frauen als Geschlecht funktionalisieren.«[2]

In eklatanter Weise wurde uns diese Funktionalisierung während der jugoslawischen Nachfolgekriege in den 1990er-Jahren bewusst, als die Vergewaltigung von Frauen als Kriegswaffe eingesetzt und die (erfundene) Erzählung über Vergewaltigungen im Kosovo als Rechtfertigung für Krieg herangezogen wurde.

Kappelers Untertitel zu Virginia Woolfs Zitat lautete: »Aber ich habe einen europäischen Pass«, ein Privileg, dessen wir uns angesichts der Deportation von Einwanderinnen und Einwanderern, die als »illegal« bezeichnet werden, stets bewusst sein sollten. Ich habe sogar zwei europäische Pässe, einen britischen, den mir meine englische Geburt eingebracht hat, und einen österreichischen, den ich meinen österreichischen Eltern verdanke. Erst zum Jahresende 2021 habe ich zum ersten Mal nach vielen Jahren meinen österreichischen Pass überhaupt benutzt, um mir ein russisches Visum samt Foto hineinkleben zu lassen. Für die meisten anderen europäischen Länder reichte der Personalausweis, und auch der wurde selten kontrolliert.

Die Seiten meines Passes sind enttäuschend leer, nur ganz hinten findet sich ein türkischer Sichtvermerk, den ich aus unerklärlichen Gründen benötigte, während deutsche Staatsbürgerinnen und Staatsbürger ohne Visum einreisen durften. Früher waren unsere Pässe interessanter. Ich liebte es, meinen alten österreichischen Pass durchzublättern und mich an das aufregende Stempelgeräusch der Zollbeamten zu erinnern, das mit dem Einlass in eine fremde Welt verbunden war. Mein britischer Pass ist noch leer. Sollte ich in Brexit-Zeiten doch noch einmal nach Großbritannien reisen, werde ich ihn hervorholen und mich heimisch fühlen dürfen.

Meine beiden Staatsangehörigkeiten haben niemals zu einem Loyalitätskonflikt geführt, ein Teufel, der im Zuge der deutschen Debatte über die doppelte Staatsbürgerschaft immer wieder an die Wand gemalt wurde. Schon allein deshalb, weil ich keine Loyalität zu einem Staat empfinde.

Meine Eltern, besonders meine Mutter, haben mir eine Liebe zu England vermittelt, und das Krönungsfoto der hübschen jungen Königin, das mir die britische Botschaft 1953 zuschickte, hat mehrere Umzüge überdauert. Obwohl ich nur fünf Jahre in England gelebt habe und seither nur selten dort war, habe ich mir einige englische Vorlieben wie den ungezuckerten Tee mit Milch und die Orangenmarmelade zum Frühstück erhalten. Meine Mutter, die zehn Jahre im englischen Exil verbracht hat, hatte die Sitte des Afternoon Tea mit nach Wien gebracht. Noch immer stimuliert mich schwarzer Tee stärker als Massimos Espresso, der mich keineswegs am Schlafen hindert. Außerdem liebe ich Baked Beans und den englischen Humor. Als ich nach Jahrzehnten der Abwesenheit Mitte der Neunzigerjahre zum ersten Mal wieder in England zu Gast war, schien es mir, als hüpfte ich über Wolken, so selig war ich.

In Österreich, oder besser in Wien, wurde ich kulturell geprägt, dem entkomme ich nicht. Mein Akzent wird in Deutschland unverkennbar als österreichisch (manchmal auch als bayerisch) erkannt, verbunden mit begeisterten Beteuerungen über die Schönheit des barocken Wien. Und wenn es so etwas wie ein Zuhause für mich gibt, dann ist es bestimmt diese Stadt. Trotz aller städteplanerischen und gesellschaftlichen Veränderungen, die sich seit meiner Auswanderung ereignet haben, ist sie mir vertraut geblieben. Mein Verhältnis zu Wien ist allerdings ein antiquiertes. Immer noch besuche ich dieselben abgeranzten Kaffeehäuser von damals, obwohl mittlerweile so viele schicke neue Lokale aufgemacht haben.

Und ich mag die Sprache, diese Mischung aus Hochdeutsch und Dialekt. Meine umgangssprachlichen Ausdrücke haben sich in Deutschland im Lauf der Zeit abgeschliffen, weil man mich hier sonst nicht verstehen würde. Der verständnislose Blick meines Gegenübers, wenn ich etwa »es geht sich nicht aus« oder »Spannteppich« sagte, hat mich Anpassung gelehrt. Wenn jedoch unvermittelt ein Ausdruck an mein Ohr dringt, der mir seit meiner Jugend nicht mehr untergekommen ist, kann mich das in helle Begeisterung versetzen. Und gerührt denke ich an Jean Améry. In Brüssel vor den Nazis versteckt, hätte er sich fast verraten, als er im letzten Augenblick den Drang unterdrückte, einem Nazi-Offizier aus dem heimischen Salzkammergut der vertrauten Sprache wegen um den Hals zu fallen.

Doch ist diese liebevolle Vertrautheit mit den schummrigen Kaffeehäusern und protzigen Palästen vermischt mit einer inneren Abwehr, die mich überfällt, wenn der Dialekt, wie so oft, eine brutale Färbung annimmt. Dann sehe ich augenblicklich stramme Naziburschen in weißen Stutzen vor mir, die bei »Reibpartien« Juden grölend dabei zusehen, wie diese proösterreichische Slogans vom Gehsteig putzen müssen. Es ist eine Szene, die ich glücklicherweise nicht selbst miterlebt habe, die aber unauslöschlich in die kollektive Erinnerung von Wiener Jüdinnen und Juden eingeätzt ist.

Mein ambivalentes Verhältnis zu Wien habe ich gewiss von meiner Mutter übernommen, die in der Stadt Ähnliches selbst erlebt hat und deshalb nur widerwillig aus dem Exil zurückgekehrt ist. Meine Mutter wurde dreifach entwurzelt: zuerst aus Warschau, dann aus Wien, wo sie sich als junge Frau halbwegs eingelebt hatte, und dann aus ihrer Wahlheimat England. Aber auch in Polen war sie als Jüdin nicht wirklich verwurzelt. Richtig wohlgefühlt hat sie sich nur in England. Das hatte vor allem mit ihrer Dankbarkeit zu tun, der Hitlerhölle entkommen zu sein, denn Antisemitismus gab und gibt es auch in Großbritannien. Diese Dankbarkeit, die Geflüchtete für ihr Gastland empfinden, sollten die deutschen Behörden bedenken, ehe sie darangehen, sie zurück ins Elend zu deportieren und Familien auseinanderzureißen. Welche deutschen Staatsbürgerinnen und Staatsbürger sind ihrem eigenen Land schon dankbar?

Das Gefühl der Entwurzelung begleitet auch mich schon mein ganzes Leben. Mit Staunen lausche ich den Erzählungen eingesessener Deutscher, die inmitten einer erweiterten Familie in einer Kleinstadt oder einem Dorf aufgewachsen sind und im Kirchenchor gesungen haben. Ich selbst wünsche mir keine derartige Familiengeschichte, und ich weiß, dass viele Menschen vor einer solchen Enge geflohen sind. Ihre beklemmenden Erfahrungen haben Eingang in viele Romane gefunden.

Ich weiß auch, dass ich die Erfahrung der Entwurzelung mit Millionen Menschen weltweit teile. Auswanderung, ob erzwungen oder freiwillig, bildet die kulturelle Grundlage unserer Weltgemeinschaft. Als Folge des »Great Famine«, der großen Hungersnot in Irland, wanderten im 19. Jahrhundert innerhalb von sieben Jahren anderthalb Millionen Menschen in die Vereinigten Staaten aus. Es handelte sich um eine der größten globalen Wanderungen der modernen Zeit. Sie prägte nachhaltig die Entwicklung der US-amerikanischen Gesellschaft. Heute leben mehr irischstämmige Menschen in den USA als auf der grünen Insel selbst. Einwanderung bewirkt eine kulturelle und soziale Durchmischung, die jeder Gesellschaft guttut.

Ich erinnere mich an die staunende Begeisterung, die mich erfüllte, als ich im Alter von vierzehn Jahren an der Victoria Station in London ankam, wo ich von meiner englischen Brieffreundin Gloria und ihren Eltern abgeholt wurde. Der Bahnhof war voller Menschen aus den britischen Kolonien, die Frauen in leuchtend bunten Kleidern und hoch aufgetürmten Turbanen. Es herrschte Trubel und Geschrei. Nach dem stickigen Wien der 1950er-Jahre, in denen die große alte Dame des österreichischen Journalismus Barbara Coudenhove-Kalergi das Wiederauferstehen des Ständestaats wiedererkennt, wirkte dieser erste Blick auf die multikulturelle Gesellschaft Londons wie ein frischer Windhauch auf mich.

Auch später, Mitte der Neunzigerjahre, als ich bei einer BBC-Filmemacherin zu Besuch war, genoss ich es, mich bei ihren Essenseinladungen niemals nur inmitten weißer Engländerinnen und Engländer vorzufinden. Sie selbst hatte zwei pakistanische Kinder adoptiert, die ihre Eltern verloren hatten. Natürlich weiß ich, dass diese für mich so beglückende ethnische Vielfalt auf die oft grausame und rassistische britische Kolonialgeschichte zurückzuführen ist. Und doch habe ich als Teenager in London eine Weltoffenheit erlebt, die mir in Wien so schmerzlich gefehlt hat und die mir als Sehnsucht nach Vielfalt ein Leben lang erhalten geblieben ist. Wiedergefunden habe ich sie in New York.

Heute ist Wien anders geworden, man kann es dort aushalten. Die kulturelle und politische Atmosphäre unterscheidet sich nicht maßgeblich von der anderer westeuropäischer Großstädte. Der Anteil an Personen, die keine österreichische Staatsbürgerschaft besitzen, beträgt in Wien fast 32 Prozent, es sind vor allem Menschen aus Serbien, gefolgt von Deutschen und Türkinnen und Türken. Die Bevölkerung mit Migrationshintergrund erreichte 2021 einen Höchststand. Der Rassismus wurde damit freilich nicht beseitigt.

In den 1950er- und 1960er-Jahren versuchte ich, so oft wie möglich wegzufahren. Überall in der Fremde fühlte ich mich wohler als in Wien. Ich befriedigte dieses Fernweh mit dem Erlernen von Fremdsprachen und schon bald mit Liebhabern aus »aller Herren Länder«. Mit Genuss zählte ich mir insgeheim die Länder auf, aus denen sie stammten. Auch Rumänien, Ungarn, Argentinien, Sierra Leone und Madagaskar waren darunter, und natürlich mehrere Italiener. Den Mumm, allein in die Fremde aufzubrechen, wie es viele beherztere Frauen getan haben als ich, hatte ich nicht.

Als ich mich mit meiner jüdischen Herkunft zu beschäftigen begann, wurde New York zu meinem Sehnsuchtsort. Dort hätte ich mich mit Jüdinnen und Juden zusammentun können, die mir politisch und kulturell nahe waren. Dort wäre ich weniger allein gewesen. Doch es fehlte mir

der Mut, meine Brücken abzubrechen und einfach los-
zuziehen, ich hatte ja auch kein Geld. Ich reiste viel in der
Welt herum, kehrte aber immer wieder nach Wien zurück.
Zwar hatte ich das Gefühl, mich überall auf der Welt ein-
leben zu können, aber es fehlte der Prinz, der mich mit sich
fortgetragen hätte.

Erst mit Martin, meinem ersten Ehemann, gelang mir
der Absprung. Und wo bin ich gelandet? In Deutschland! Als Journalistin und Übersetzerin benötigte ich für
meine Arbeit ein deutschsprachiges Land. Und ich hatte
das Glück, es mir aussuchen zu können, war nicht gezwungen, dorthin zu gehen, wo man mich gnädig aufzunehmen
bereit war. In die Politik meines Gastlands konnte ich mich
allerdings nicht mehr einmischen, zu fremd waren mir die
Strukturen und die agierenden Personen. Heute ist es zu
spät.

Die jüdisch-österreichische Autorin Mela Hartwig
musste 1938 unfreiwillig flüchten. In Ermangelung eines
Marktes für ihre deutschsprachigen Bücher begann sie in
der Londoner Emigration zu malen und hatte damit sogar
einen bescheidenen Erfolg. Auch nach dem Krieg blieb ihr
Österreich verschlossen. Mit ihrem Mann, einem Anwalt,
kehrte sie nach Graz zurück, wo die beiden ein von den
Nazis »arisiertes« Haus besaßen, wurden aber von der
Bevölkerung und den lokalen Behörden mit solcher Feind-
seligkeit aufgenommen, dass sie angeekelt nach England
zurückkehrten.

Seit 1988 lebe ich also nun in Deutschland. Ich war sogar,
obwohl damals noch in Köln zu Hause, am 9. November
1989 zufällig in Berlin und erlebte am Grenzübergang an
der Friedrichstraße die Begeisterung der Menschen, die die
Trabis von drüben mit lautem Gejohle und Sekt willkom-

men hießen. Ich habe damals ihre Freude nicht wirklich verstanden, die deutsche Teilungsgeschichte war mir fremd, ja, ich empfand ein gewisses mir damals nicht erklärbares Unbehagen. Später, als ich erfuhr, dass sich in der ersten Zeit nach der Grenzöffnung Rassismus ausbreitete, der sich auch gewaltsam entlud, begann ich zu begreifen, weshalb mich der damalige Überschwang tief in meinem Innern beunruhigt hatte. War das ein jüdischer Reflex?

Heute weiß ich längst, dass die deutsche Einheit für viele ehemalige DDR-Bürgerinnen und -Bürger auch die Freiheit bedeutete, endlich zu tun und zu sagen, was ihnen beliebte, und dorthin zu reisen, wohin es sie zog – auch wenn nicht alle es sich leisten konnten und können.

Im Herbst 1994 zog ich endgültig nach Berlin und tauchte ein in die Debatten um die Wiedervereinigung, die Nutzung der geteilten Stadt und den schmerzhaften Versuch einer Verschmelzung der Feminismen Ost und West. Schon 1990 schrieb ich mit der DDR-Journalistin Petra Lux ein Buch über Frauen in der DDR. Es hieß *Ohne uns ist kein Staat zu machen*, ein irreführender Titel, denn der neue Staat wurde sehr wohl ohne uns gemacht. Petra hatte den passenderen Titel *Neuland* vorgeschlagen.

Im Zuge meiner Recherchen für dieses Buch beschäftigte ich mich mit der Arbeitswelt der Frauen in der DDR. Mit einer Fotografin reiste ich nach Mecklenburg-Vorpommern, wo wir in der Nähe von Anklam eine Landwirtschaftliche Produktionsgenossenschaft besuchten und uns mit Landarbeiterinnen und dem hinterpommerschen Leiter des »Kartoffelprojekts« anfreundeten. Wir beide ahnten, wie es den Frauen bald ergehen würde, wenn der Kapitalismus erst einmal über sie hinwegrollte. Doch die Frauen wollten damals nichts davon hören, zu aufregend war das

Neue, das gerade auf sie zukam, und zu schlimm das, was sie gerade überstanden hatten.

So wurde ich, die Ausländerin, früher als manche Deutsche vertraut mit der Geschichte und Gegenwart der östlichen Hälfte des bald unter Bundeskanzler Kohl vereinigten Landes. Von meinen Reisen in die realsozialistischen Länder an der österreichischen Grenze und in das Heimatland meiner Mutter, Polen, war ich an den »Osten« gewöhnt und ohne familiäre »Belastung«. Das half mir, mich den Menschen der ehemaligen DDR offen zu nähern. Es ist eine Erfahrung, für die ich dankbar bin und die mich – auch ohne Wahlrecht – zu einer Bürgerin dieses Landes gemacht hat.

Eine Deutsche bin ich nicht geworden, obwohl sich manche wundern, dass ich immer noch kein Wahlrecht besitze. Es fehlt mir ein Stück Vergangenheit hier, und nicht selten geht mir die deutsche Rechthaberei auf die Nerven. Wenn ich belehrt werde, reagiere ich aggressiv, es ist eine spontane Reaktion, die ich nicht unterdrücken kann. Doch in Berlin fühle ich mich zu Hause. Ich habe in dieser Stadt gearbeitet und Freundschaften geschlossen, ich hatte Liebhaber und habe in verschiedenen Bezirken gewohnt. Vermutlich werde ich hier sterben. Aller Wahrscheinlichkeit nach in einem wärmenden und schützenden Bett und nicht auf der Straße, mit gefesselten Händen und einer Kugel im Kopf wie manche Menschen in Butscha.

Ein Grab in der Heimaterde ist mir kein Anliegen. Ab und zu zieht es mich nach Wien, wo ich einige mit mir gealterte Freundinnen und die Kaffeehäuser habe; aber durch meinen Mann fühle ich mich auch in Italien zu Hause. Dass auch er Berlin der quirligen Stadt Neapel vorzieht, in der er den Großteil seines Lebens verbracht hat, erstaunt viele. Wir sprechen Italienisch miteinander, was mir das angenehme Gefühl einer gewissen Ortlosigkeit verleiht. Die deutsche Sprache passt irgendwie nicht zu uns. Er hat übrigens die Asche seines Vaters, die jahrelang bei seiner Schwester in Rom im Regal stand, bei Capri ins Meer gestreut.

Zu Beginn unserer Beziehung hat er mir im Bett Dantes *Göttliche Komödie* ins moderne Italienisch übersetzt, das war schön. Unsere Reisen auf griechische Inseln in der Ägäis und im Ionischen Meer, nach Polen, Sankt Petersburg, Lanzarote, Albanien, Montevideo und Barcelona, wo Massimos Sohn mit seiner Familie lebt, saugen uns ein in andere Kulturen, was jedes Mal eine Erfrischung ist. Und wer weiß, wohin es uns sonst noch in der kurzen Zeit, die uns bleibt, verschlagen wird.

Aber vielleicht stärker noch als das Reisen, das mit zunehmendem Alter anstrengender wird, eröffnet uns die Literatur Gegenwart und Vergangenheit der großen weiten Welt. Solange wir noch lesen können, leben wir. In einer Zeit, in der der Krieg erneut nach Europa zurückgekehrt ist, gibt mir der russische Schriftsteller Michail Schischkin Hoffnung, der in der Literatur eine grundsätzliche Gegnerschaft zum Krieg sieht: »Wahre Literatur handelt immer vom Bedürfnis des Menschen nach Liebe, nicht nach Hass.«[3]

Anmerkungen

Kinder oder keine

1 Barbara Duden: *Der Frauenleib als öffentlicher Ort*, Deutscher Taschenbuch Verlag, München 1994, S. 19.

2 Lew N. Tolstoj: *Anna Karenina*, übers. v. Hermann Röhl, Penguin, Random House, München 2010, S. 923.

3 Ebd., S. 926.

4 Ebd., S. 930.

5 Mieko Kawakami: *Brüste und Eier*, übers. v. Katja Busson, DuMont Verlag, Köln 2020, S. 326.

6 Ebd.

7 Ebd.

8 Simone de Beauvoir: *Das andere Geschlecht. Sitte und Sexus der Frau*, übers. v. Uli Aumüller und Grete Osterwald, Rowohlt Taschenbuch Verlag, 19. Aufl., Hamburg 2018, S. 89–90.

9 Jack Holland: *Misogynie. Die Geschichte des Frauenhasses*, übers. v. Waltraud Götting, Zweitausendeins, Frankfurt am Main 2007.

Mein Bruder

1 Jean Améry: *Hand an sich legen. Diskurs über den Freitod*, Klett-Cotta, 4. Aufl., Stuttgart 1989, S. 74.

Von Hitler zur Jüdin gemacht

1   Interview mit Irene Etzersdorfer, geführt am 13. März 1984, Typoskript.

2   Christa Witz: »Um mein Leben betrogen. Interview mit Irena Fischer«, *AUF – Eine Frauenzeitschrift*, Wien 1988, S. 4.

3   Viola Roggenkamp: »Das obszöne Wort: Jude«, in: *Geteilte Erinnerung. Generationen des Exils*, Czernin Verlag, Wien 2003, S. 45.

4   Erica Fischer: »Etwas fehlt«, in: ebd., S. 10.

5   Olga Tokarczuk: *Die Jakobsbücher*, übers. v. Lisa Palmes, Kampa Verlag, Zürich 2021, zitiert nach dem Programmheft Nr. 220 des Thalia Theaters, Hamburg, Spielzeit 2021/22.

6   Antonia Grunenberg: *Die Lust an der Schuld*, Rowohlt Berlin, Berlin 2001.

7   Hannah Arendt: *Menschen in finsteren Zeiten*, Piper, München 2012, S. 35.

8   Antonia Grunenberg, op.cit., S. 198.

Spät lieben gelernt

1   Dorothee Markert: *Wachsen am Mehr anderer Frauen*, Christel Göttert Verlag, Rüsselsheim 2009, S. 19.

2   Erica Fischer: *Jenseits der Träume. Frauen um Vierzig*, Verlag Kiepenheuer & Witsch, Köln 1983.

3   Ebd., S. 109.

Weiblich geboren

1   Frauenkollektiv RitClique (Hg.): *Zündende Funken. Wiener Feministinnen der 70er Jahre*, Löcker Verlag, Wien 2018, S. 52.

2   Ebd., S. 44.

3   Ebd., S. 181.

4   Ebd., S. 44.

5   Ebd., S. 58.

6   Ebd.

7   Ebd., S. 48.

8   Ebd., S. 49.

9   »Krieg ist soziale Regression«, *taz*, 22. April 2022.

10   Alice Schwarzer in *Emma*, 14. April 2022.

11   Hanna L. Mühlenhoff: »Militarismus ist unfeministisch«, *taz*, 7. Mai 2022.

Sichtbare Spuren

1   Erica Fischer, *Jenseits der Träume. Frauen um Vierzig*, Kiepenheuer & Witsch 1984, S. 73.

2   Manuela Reichart, rbbKultur online, 21. Oktober 2021.

3   Hannah Anderson und Matt Daniels: »Film Dialogue from 2000 Screenplays, Broken Down by Gender and Age«, https://pudding.cool/2017/03/film-dialogue/, in: Elisabeth Lechner: *Riot, Don't Diet! Aufstand der widerspenstigen Körper,* Kremayr & Scheriau, Wien 2021, S. 179.

4   Elisabeth Lechner, ebd., S. 183.

5   Ebd., S. 27.

6   Ebd., S. 13.

7   Ebd., S. 178.

8   Hengameh Yaghoobifarah: »Habibitus«, *taz*, 13. Januar 2021.

9   Dagmar von Taube, Interview mit Geraldine Chaplin, *Die Welt online*, 10. Dezember 2015.

10   Ana Sofia Elias, Rosalind Gill, Christina Scharff: *Aesthetic Labour: Rethinking Beauty Politics in Neoliberalism*, Springer 2017.

11   Jean Améry: *Über das Altern*, dtv/Klett-Cotta, München 1968, S. 59.

12   Ebd., S. 64.

13   Ebd., S. 72.

14   Ebd., S. 86.

15   Ebd., S. 149.

1   *Gewalt gegen Frauen.* Tagungsdokumentation, Bundesministe-
    rium für Frauenangelegenheiten, Wien 1994, S. 197.

2   Ebd., S. 221–222.

3   Michail Schischkin: »My Dear Russians!«, *The Guardian*,
    7. März 2022.